为什么精英都有超级人脉

The Start-up of You

[美] 里德·霍夫曼（Reid Hoffman） [美] 本·卡斯诺查（Ben Casnocha）◎著 洪慧芳◎译

湖南文艺出版社
HUNAN LITERATURE AND ART PUBLISHING HOUSE

博集天卷
CS-BOOKY

目录
Contents

各界推荐
Recommend

成为创业家的关键不在于创业，而在于世界观：在别人看到阻碍时，发现机会；在别人避险时，勇于冒险。无论你在哪一行，或想进哪一行，本书都是你的成功指南。

迈克尔·布隆伯格（Michael Bloomberg）
纽约市前市长、彭博公司（Bloomberg L.P.）创办人

每个人，不分男女，都需要放开胆子去思考，这样才能成功。这是一本非常实用的好书，它可以教你如何掌控人生，从而打造发挥实质影响力的职业生涯。

谢丽尔·桑德伯格（Sheryl Sandberg）
Facebook（编者注：美国的一个社交网络，中文译为脸书）
首席运营官

打造充实的职业生涯，是幸福人生的一大挑战，往往也是最有难度的挑战。本书归纳了许多洞见和技巧，帮你我撰写出丰富的人生履历。

格雷琴·鲁宾（Gretchen Rubin）
畅销书《幸福哲学书》（*The Happiness Project*）作者

如何以创业方式打造人生？从一个点子开始，在整个职业生涯中努力应变、调适，用心闯出一番了不起的成就。本书浓缩归纳了成功所需的一切关键技巧。

杰克·多西（Jack Dorsey）
Twitter（编者注：中文通称推特，是一家美国社交网络及微博客服务网站）及 Square（编者注：美国一家移动支付公司）共同创办人

"网络"从根本上改变了商业与社会的架构，本书可以教你如何在紧密相连的世界中生活、学习以及蓬勃发展。

伊藤穰一（Joi Ito）
麻省理工学院媒体实验室（MIT Media Lab）主任

硅谷以我们工作的方式彻底改变了产业，现在，该是把这套"脚本"输出到全世界的时候了，本书就是关键的"脚本"，它可以帮你改造自己，创造个人生涯的突破。

马克·安德森（Marc Andreessen）
创投家，惠普、Facebook、eBay（编者注：一个线上拍卖及购物网站）等公司董事

THE START-UP OF

YOU

1

自创

人人都是创业家

人人都是创业家。当我们人类还在洞穴生活时，我们就是个体经营者，自己觅食、自给自足，那是人类历史的开始。随着文明的来临，我们渐渐淡忘了这项能力，成为"劳工"，因为他们在我们身上贴了"你是劳工"的标签，于是，我们忘记了自己是创业家。

穆罕默德·尤努斯（Muhammad Yunus）
诺贝尔和平奖得主、小额贷款先驱

　　你天生就是创业家，但这并不表示你生来就懂得如何开公司。事实上，多数人都不该创业开公司，其创业成功的概率很低，再加上情绪会持续受到冲击，所以，这条路只适合少数人走。

　　人人都是创业家，并不是因为人人都该创业，而是因为人类的基因里，天生就有"创造"的意愿。就像尤努斯所说的，我们在山洞里生活的祖先需要自给自足，他们创造生存规则，自己开创人生。但是经过文明的洗礼之后，我们忘记了自己是创业家，举手投足都像劳工。

为了因应当今专业生活的挑战，我们需要重新发掘创业本能，运用这些本能来打造新的职业生涯。无论你是律师、医生、教师还是工程师，甚至是企业主，如今，你也需要把自己想象成至少执掌一项新创事业的创业者，而这项新创事业就是你的职业生涯。

本书不是求职手册，这里没有写履历或准备面试的技巧与秘诀，但有适应未来所需的自创思维（start-up mindset）和诀窍，各位可以从本书内了解到如何拓展人脉、打造竞争优势，并获得更好地把握事业机会的决策能力。

你未来的成就，依赖于你对这些创业计策的了解与运用的程度。更广义地说，当大家都有自创思维时，社会能更蓬勃地发展；当大家都运用本书所提倡的方法时，很多全球问题就会更快地迎刃而解。这本书与你有关，它是为了改善你周围的社会，而这一切要从每一个人开始做起。

▎ "电扶梯式"的职业生涯已不存在

几百年来，外来移民冒着巨大的风险来到美国，他们深信，只要肯努力，就可以享有比上一辈更好的生活。美国自立国以来，每个时代的美国人普遍都比上一代的收入更多，可以获得更好的教育，有更好的生活水平，这种代代持续进步的期待，变成了"美国梦"的一部分。

过去 60 年左右，对受过教育的劳工来说，就业市场有如电扶梯。大学毕业后，你先在 IBM、通用电气（GE）或高盛（Goldman Sachs）等企业找到基层工作，从而获得雇主的培训和指导。随着经验的累积，你在组织里逐步晋升，原本的基层位置，则由充满雄心壮志的新人递补。

只要你表现良好，你就能在这电扶梯上稳定上升，每升一级，权力、收入、就业保障也跟着增加。最后，在 65 岁左右，你踏出电扶梯，让中阶员工递补你空出的高阶职位。同时，你开始悠闲地享受着由公司退休金及社会福利金支撑的退休生活。当然，大家并没有假定这一切都会自然发生，只是普遍觉得只要有能力，再加上适度的努力，而且运气又不差的话，自己终究会爬上高位，大致上这算是合理的预期。

但如今，电扶梯每一阶上都卡满了人。就像罗纳德·布朗斯坦(Ronald Brownstein) 在《大西洋月刊》（ *The Atlantic* ）里提到的，许多年轻人即使受过高等教育，却仍旧卡在基层大材小用，或苦无就业机会。与此同时，六七十岁的男女面对的是亏空的退休金，以及漏洞百出的政府福利制度，无论是继续待在职场的人数，还是重返职场的人数，都创下新高。这导致中年的劳动力人口卡在毫无升迁前景的状态，其中最惨的还被挤出职场，以便腾出位子给更资深的人才。如今，年轻人难以挤上电扶梯，中年人难以升迁，60 岁的人难以退休，布朗斯坦指出："大家不再顺利晋升，而是踩踏着别人。"

▍精进专业技能，是自己的责任

传统的职业生涯发展路线已不复存在，以前世代享有的传统专业

发展也成了过眼云烟。你无法再期待雇主出钱训练你精进沟通技巧，
或拓展你的专业技术。现在即使是基层员工，公司也期待你到职时就
能胜任工作，或学得较快，几周内就进入工作状况。无论你是想学新
的技能，还是想在工作上表现得更好，训练与投资自己，现在都变成
了你的责任。

公司不想在你身上投资任何东西，部分原因在于你不大可能会承诺
留在岗位上好几年，你这一生会换好几份不同的工作。以前雇主与员工
之间有长期协议，以终身雇佣换取终身的忠诚，这种协议现在已被绩效
导向的短期合约所取代，劳资双方会持续思考是否续约。诚如畅销书作
家丹尼尔·平克（Daniel Pink）所言，专业忠诚度现在在你的人脉之间
"平行"流动，而不是"垂直"流向你的老板。

传统职业生涯发展路线遭到推翻，原因至少与全球化和科技化这两
道交互影响的宏观力量有关。你可能觉得这些概念言过其实，但它们的
长期效应其实都被低估了。科技让许多工作得以自动化，这些工作以前
需要从业者辛苦学习知识和技能——包括高薪的白领工作，例如股票经
纪人、法务人员和放射医师等。

科技也创造了新的工作，但创造新工作的速度通常比旧工作被取代
的速度慢，而且新工作需要的技能通常更高深。即使科技没有消除或改
变许多产业所需的技能，它至少让公司更容易把工作岗位移到海外，让
全球各地的人来跟你抢工作，还连带压低了你的薪水。贸易与科技并非
在一夜间出现，也不会很快就消失，但我们的就业市场已经永远改变了。

所以，忘了传统的职场认知吧！游戏规则已经改变。"预备—瞄准—

发射"已经被"瞄准—发射—瞄准—发射"所取代，等到失业或对工作不满时才找工作，已经被随时关注机会、创造机会所取代，安排社交互动也被聪明地打造人脉所取代。

了解新职场规则、拥有全球经济新职能技巧的人，和谨守旧思维、依赖普通技能的人之间，差距愈来愈大。问题是，你属于哪一种？

用"自创思维"来经营个人事业

"改变"带来新机会，同时也带来挑战，现在我们需要的是自创思维。无论是在 10 人的小公司工作，还是在跨国大企业、非营利组织、政府机关工作，若想把握新机会、因应当今职场生态的挑战，你就得像经营新创企业一样思考和行动。

为什么要把"职业生涯"当成"新创企业"来经营？因为"创业"通常是在信息相对匮乏、时间紧迫、资源受限的条件下做决定，毫无保障或安全措施，而且必须承担一定程度的风险。

竞争对手在不断改变，市场也在改变，公司的生命周期相当短暂。创业家经营、带动公司成长的情境，跟现在我们每个人经营职业生涯所面临的情境非常相似。你永远不知道接下来会发生什么事情。信息有限，资源紧缺，竞争激烈，这个世界瞬息万变，你投注在单一工作上的时间正在缩减，这表示你需要随时调整应变，如果不调整，万一失败时，没人会理你，雇主或政府都不会。

创业家正面面对这些不确定性、变化和限制，他们盘点资产、理想抱负和市场的实际状况，以发展竞争优势。他们拟订可反复尝试的计划，在业界四处发展宝贵的长期人脉，积极寻找并创造突破的机会，妥善管理并承担风险。创业家善用人脉取得商业情报，以因应艰难的挑战。

他们从酝酿新点子那一刻开始就这么做，即使是从车库起家，然后发展成有好几层楼的大企业也是如此。在当今的世界中，想要在专业上大放异彩，你就需要采用同样的创业技巧。

这些技巧在职业生涯的任何阶段都很宝贵。无论你是刚踏出校门，或是已经工作了 10 年，或是追求下一个大转变，或想在未来展开全新的事业，你都迫切需要这些技巧。无论公司的规模变得多大，你都要以灵活应变的方式来维持创新优势。史蒂夫·乔布斯（Steve Jobs）说苹果是"世界上最大的新创企业"；同理，你需要保持年轻和敏捷，永远像一个新创企业。

▎我们的硅谷经验

我（霍夫曼）2003 年跟朋友一起创办了领英（LinkedIn），目的是联结全球的专业人士，让大家变得更有生产力、更成功。截至 2011 年 5 月公开上市，领英累积了 1 亿以上的用户（截至 2015 年年底有 4 亿用户）。在经营 9 年之后，我从各行各业的专业人士经营职业生涯的方式中学到许多，包括如何与值得信赖的商业人士联系，如何找工作、分享信息、建立网络身份等。

从领英的庞大专业系统中，我和同事了解到最抢手的技能、产业趋势、如何发展坐拥众多机会的职业生涯等。我也了解到哪种方法会成功、哪种会失败，哪种技巧有效、哪种无效，同时，我注意到一件有趣的事情，它刚好与我的另一项兴趣——"投资"有关。

身为执行董事长，经营领英是我的正职，但我也投资一些新创企业。身为早期投资人，如今又是Greylock Partners（编者注：一家投资机构）的合伙人，我投资过上百家公司，有机会帮助一些优秀创业家扩大事业规模。

比方说，我曾和网络游戏公司Zynga的首席执行官马克·平卡斯（Mark Pincus）对社交游戏的策略进行头脑风暴，也曾和凯文·罗斯（Kevin Rose）在他的手机应用程序公司Digg及Milk里，思考移动互联网的未来，并和马特·佛兰纳里（Matt Flannery）合作，通过Kiva网站，以小额贷款模式，帮助全球的贫困者。这些多元的经验，帮助我培养判断创业模式成败的眼光。

经营领英不但让我有机会帮助会员开拓更多新机会，也让我投资的公司发展得更好，这个双重身份让我体悟到一点——成功的新创企业所采用的商业策略，和成功的个人所采用的职业策略非常相似。

此后，我开始把20年以来在硅谷有幸学到的东西，浓缩成策略架构，发展应用"每个人都是一个小事业"的概念，我也用这种方式来看待自己的职业生涯：把它当成新创企业来经营。

我认识卡斯诺查时，他正好面临职业生涯的转折点。他已经创立了几家公司，也写过一本谈创业的书，并去过海外许多地方，正在决定是要多投入科技创业、多写作、多到国外旅游，还是三者兼顾。当时，他才二十几岁，正在努力思索一些问题，像是：应该对未来几年做好规划？承担哪种职业风险是明智的？如何多方实验、积累专业经验？然后他提到一点令我很感兴趣的内容，他说即使他的下一步不是创立公司，他还是会以"创业家"的方式来处理重要的职业生涯问题。

我和卡斯诺查认识的前几个月，他走访了数十个国家，见了数千位学生、创业家、记者和企业人士，从美国中部社区大学的学生、印度尼西亚乡下的小企业主，到哥伦比亚的政府官员，接触的对象各种各样。他到这些遥远的地方，畅谈自己的经验，同时，观察、学习当地优秀人才的抱负和态度。他注意到一件特别的事情：在离硅谷数千英里以外的地方都有创业精神存在，而拥有自创思维的人不见得开公司，他们可能不认为自己是创业家，但他们面对人生的方式，和硅谷创业家一模一样，他们自立自强，灵活应变，充满雄心壮志，懂得善用各方资源。

这些经验让他得出了和我一样的结论：创业精神是一种人生理念，不限于在商业上使用，这是放诸四海皆准的理念，不只是美国才有，这是我在担任全球创业组织 Endeavor 董事时体认到的。而且我俩差了 20 岁，却有类似的想法，由此可见，这也是一种终身的理念，不限于某个时代。

▌为什么拥有"自创思维"如此重要?

在深入探讨如何运用"创业精神"改变职业生涯以前,我们需要先知道我们正面临着什么危机。如果要说明不以创业精神看待人生会有什么风险,我想,最好的方法就是回顾一个曾代表创业精神的产业,那就是底特律的汽车制造业。

底特律的故事

20 世纪中叶,底特律拜福特汽车、通用汽车、克莱斯勒三家新创企业所赐,蓬勃发展成了充满活力的世界之都。当时,这些汽车制造商都非常有创新性,福特发明以组装线量产汽车和卡车的方法,从此永远地改变了制造业。

通用和它的传奇董事长艾尔弗雷德·斯隆(Alfred Sloan)开发出了一套管理与组织系统,数百家企业纷纷效仿。这三家公司充满远见,大胆相信在这个倡导开拓疆域的国家,汽车会无处不在,而这在当时,很少有人认同。斯隆承诺"以各类车型满足各阶层的各种用途需求",亨利·福特(Henry Ford)则说会打造出"价格低廉的汽车,让有薪阶级都买得起"。

就像所有顶尖创业家一样,他们不只是筑梦,更创造出他们梦想的未来。在 20 世纪后半叶,美国三大汽车厂总共生产了上亿台创新、时髦的汽车,并卖到世界的各个角落。1955 年,通用成为史上第一家营收超过 10 亿美元的企业。20 世纪 50 年代末期,它已是称霸世界的龙头企业，规模大到连美国司法部都认为应该将其分割成几家公司。

在这些公司里工作，可以说是"传统电扶梯"职业生涯的最佳范例，工作保障无可匹敌，几乎没有人会被辞退。如果你欠缺必要的技能，那么雇主会训练你。通用甚至成立大学，将课堂学习与工厂工作结合起来，毕业后，几乎保证终身就业，并享有附带福利。随着工作年限的累积，你的职位等级也会逐渐上升。

在汽车业繁盛的年代，底特律蓬勃发展，那是汇集梦想、财富、新世代科技的地方。"当时，那里就像今天的硅谷。"当地报纸专栏作家汤姆·沃尔什（Tom Walsh）回顾底特律的黄金年代时，曾如此表示。

在那个年代，创业家日进斗金，上百万人拥进底特律淘金，人口不断拥入的盛况，使底特律成为美国人口第四多的城市。当地的薪资也高，底特律市民的收入中位数居全美之冠。买房人口激增，除谋生容易以外，底特律也以媲美芝加哥和纽约的多元化、活力、富有文化及进取精神而自豪。它是第一个分配电话号码给个人、铺设第一条水泥道路、兴建第一条高速公路的城市。

从1940年到1960年，底特律可以说是美国的珍宝，当时的美国总统杜鲁门盛赞："'底特律'三个字，在全球相当于美国伟大工业的代名词。"那是"民主兵工厂"（arsenal of democracy）的关键，象征着美国的卓越主义，世界各地的访客争相拥入，一睹最优异的创业精神和创新。

但后来，底特律的汽车厂失去创业精神，创业家变成劳工，底特律就像"泰坦尼克"号撞上冰山一样，开始缓慢地下沉到水底。

从繁荣到衰败

"年复一年,日复一日,即使海外竞争对手超越我们,我们仍在掩饰问题,逃避棘手的抉择。如今,我们已经穷途末路。"2009 年,美国总统奥巴马在记者会上这样说,他宣布放款 770 亿美元给通用和克莱斯勒,并提供给福特信贷额度,以支撑其渡过破产难关。对老一辈在底特律的荣光下成长的美国人来说,奥巴马这番话,道尽了 30 年以来的衰退和幻灭。

究竟发生了什么事? 发生的事情很多,但最大的问题在于:汽车业过得太安逸了。一如英特尔共同创办人安迪·葛洛夫(Andy Grove)的名言:"只有偏执狂才能生存。"他的意思是说,成功延续不易,完美稍纵即逝,当你觉得成功理所当然时,就是竞争对手直扑上来之日。就这点来看,汽车业的高管,无疑都不是偏执狂。

顾客想要更小、更省油的汽车,但汽车业的高层并未聆听顾客的心声,反而是打造愈来愈大的汽车;他们也不在意来自日本的新竞争对手,而是对自己和顾客坚称"美国制造"就是世界上最好的;他们并未学习竞争对手新采用的"精益化生产"(lean manufacturing),而是固守数十年的一贯做法;他们根据资历和关系决定升迁,而非大力奖赏拔擢最顶尖的人才;他们没有迅速跟上市场变迁的脚步,而是坐视官僚体系妨碍企业发展。美国前总统候选人罗斯·佩罗(Ross Perot)曾打趣说:"如果有人看到通用工厂里冒出一条蛇,那么他们会先组成委员会,分析该不该杀死那条蛇。"

"成功得来容易"导致美国汽车企业变成了规避风险、不用人唯才、自大的官僚机构。当竞争日益激烈、顾客需求发生改变时，公司高层和汽车工会都未能应变调适，而是维持既有的工作模式。

底特律并非一夜之间没落，而是逐渐地消沉，这也是问题的关键。公司在衰退期间，仍多年持续创造上亿营收，高管很容易因此而自满，忽略长期累积的问题。没有人对组织做压力测试，或是努力找出长期的缺点，并加以修正，这使得最后的宣判有如晴天霹雳般令人痛苦。等到警铃大作，通用在政府纾困前，在三年半内亏损高达820亿美元的时候，一切已经为时已晚。

汽车业的崩解，使底特律陷入绝境，当地报纸专栏作家沃尔什面无表情地说："住在美国被遗弃的城市里，最大的好处是整天都不会塞车。"在底特律市中心外围的街道上行走，的确会让人想到"遗弃"这个字眼，可能走上好几个街区都不见半个人影。空屋就这样荒废着，有些房子用木板围起来，大门钉着"查封"的标牌，不然就是窗户已经没有玻璃，只挂着黑色塑料或帆布。许多建筑看起来像极了摇摇欲坠的姜饼屋，整座城市约有三分之一的区域荒无人烟，大概是旧金山市的面积大小。

依旧留在当地的人，生活困苦，底特律是全美国第二危险的城市，仅次于密歇根州的弗林特（Flint）。半数的孩童生活穷苦，这里的失业率居美国之冠，估计高达15%—50%。教育体系出现了严重问题，每10个八年级学生中，就有8个人不会计算基本数学题。当地多数政治人物都腐败无能，令人难以置信的是，偌大的城市里，竟然没有半家贩卖新鲜农产品的大型连锁超市。

这座城市曾经是进步、美好与充满无限可能的象征，汽车业也曾是创业精神的象征，但现在变成了绝望的象征。

处处都是底特律

底特律的故事并不简单，在前面这段简短的描述中，我们并未提到其他复杂的因素，也有些早期迹象显示情况可能正在改善。但底特律的故事并不独特，我们以"汽车业"为例，并不是因为它是特例，而是因为它并非特例。在近期的历史中，很多公司和产业也经历过类似的急速衰退。

现在，昔日卓越的公司走向衰败的例子比过去更常见，衰败的速度也比过去更快。在 1920 年到 1930 年，公司维持在标准普尔 500 强企业（S&P 500）之列的时间平均是 65 年；到了 1990 年年末，平均时间只剩 10 年。德勤（Deloitte）的约翰·西利·布朗（John Seely Brown）和约翰·哈格尔（John Hagel）指出，过去的 40 年里，大公司失去领先地位的"倾覆率"（topple rate）增加了一倍以上。现在的"赢家"宝座比以前更难坐了。

为什么有那么多企业最后都像底特律？当然，每个企业的情况都不相同，但根本原因通常都与成功衍生的傲慢、未能及时发现竞争采取行动、不愿冒险把握机会，或无法顺应趋势不断调整有关。击倒底特律的竞争与改变的力量来自全球与当地，这些力量威胁着各行各业，也威胁着每一座城市。更重要的是，这些力量也威胁着每一个人与每一项职业。

这不是一本探讨底特律经济史的书，那为什么我们要花这些篇幅来描述底特律的故事呢？因为无论你住在哪座城市、在哪个行业工作，一谈到职业生涯，那么你现在走的路，可能会和底特律一样。摧毁那曾经辉煌的城市与产业的改变的力量，也可能会摧毁你我的职业生涯，无论这些职业现在看起来是多么稳固。

▍硅谷模式

幸好我们还有别的路可走，这条路在实际上和比喻意义上都离底特律有数千英里（编者注：英美制长度单位，1 英里合 1609.344 米）远。硅谷已经变成了 21 世纪的创业与进步的典范，在过去数十年里，硅谷创造出好几代积极进取的公司，从 1939 年创立的惠普到英特尔、苹果、Adobe（美国一家跨国电脑软件公司）、基因泰克、AMD（美国超威半导体公司）、Intuit（美国一家以财务软件为主的高科技公司）、甲骨文、Electronic Arts（著名游戏公司）、皮克斯、思科，到后来的谷歌、eBay、雅虎、Seagate（美国著名硬盘、磁盘制造商）、Salesforce（美国一家软件服务提供商），以及最近的 PayPal（美国一家在线支付服务商）、Facebook、YouTube（一个视频网站）、Craigslist（美国一家著名广告网站）、Twitter 和领英等。

过去的每一个年代，硅谷一直保持并强化其创业的魔力，有数十家公司创造了未来，跟着全球市场的演进调整脚步。这些公司不仅提供新的企业创新模式，而且提供个人生涯成功发展所需的创业家思维。

那么，这些公司有什么共同点？接下来，各章就要说明这些硅谷的原则：为达成卓越成就，就要大胆且明智地承担风险；另外，要打造专业人脉，就要让这些人脉能够提供情报、资源与具体行动来帮你；最后，要懂得把握突破的机会。

无论你是谁、在做什么事情，你都可以像创业家那样思考，将这套创业技巧，运用在职业生涯中。本书会教你如何做到这一点，了解如何避免底特律的命运发生在你的身上，灵活运用硅谷模式来帮你开创职业生涯。

Netflix（一家在线影片租赁提供商）的成功秘诀

1997 年，住在硅谷山区的软件创业家里德·哈斯廷斯（Reed Hastings）碰到了一个问题。他从录像带出租店租了《阿波罗13号》（*Apollo 13*），因为逾期归还，所以被迫缴了一笔罚金，他不敢告诉妻子这件事。但这让他的创业头脑开始思考：如果租电影永远不需要付逾期罚金，那会是什么样子？于是，他开始研究电影出租业，得知新的 DVD 很轻，寄送成本很低。

他发现，电子商务的趋势加上 DVD 的革新，可能是一大商机，所以，他结合电子商务和传统的邮寄方式，让顾客上网挑片，再将 DVD 邮寄给他们，顾客看完后寄回，不限时间。这是个很棒的商业概念，哈斯廷斯根据自己投身科技行业多年的经验，断定这是必然的演进趋势。他没有把这家公司取名为"邮寄 DVD"（DVDs-by-Mail）或其他一目了然的名字，而是想了一个含义更宽泛的名字——Netflix。

Netflix 并未一炮而红，一开始，顾客是按照租片数付费，就像全球影视出租业龙头百视达那样。而这种经营方式并未引起顾客的热烈反响，于是，哈斯廷斯开始提供包月方案，顾客只要支付月费，就可以无限量租片，但顾客还是抱怨从上网挑片到收到 DVD 的时间太久。1999 年，他到百视达的总部开会，讨论是否可能跟他们合作提供配送服务，而百视达拒绝合作。哈斯廷斯回忆："他们几乎是用嘲笑的方式送我们出去的。"

但哈斯廷斯和他的团队不懈努力，改善了配送中心的效率，让八成以上的顾客，隔夜就能收到 DVD。他们也开发出了创新的推荐引擎，根据顾客过去的租片习惯，推荐他们可能会喜欢的电影。2005 年，Netflix 的用户超过 400 万，成功抵挡了来自沃尔玛等企业的模仿竞争，成为网络电影出租业的霸主。2010 年，Netflix 的获利高达 1.6 亿美元；相反，百视达因为未能跟着网络时代应变，在当年申请破产。

Netflix 并未就此松懈，事实上，2010 和 2011 年，Netflix 把重心从依旧获利的邮寄 DVD 事业，转移到了下一个事业——通过网络提供用户在计算机、智能手机、平板电脑等在线观看影视节目的服务。这是他们多年来一直想做的事情，宽带网络的普及，使这项业务得以实现。

现在，他们的多数顾客都是通过"实时串流"来观赏影视节目，而不是租 DVD。在撰写本书之际，Netflix 在每周网络的流量占 30% 以上。

相信再过不久，他们可能会推出大量的自制节目，或加入一些尚未发明的新技术。不过，他们目前的优势并不稳固，随时都可能会出现新的挑战。

哈斯廷斯说："世界的变迁，通常会让你措手不及。"一位好莱坞高级主管曾问他：你是做 5 年的策略计划，还是做 3 年的策略计划？哈斯廷斯回答：都不是。3 年，对硅谷来说形同永远，他们无法提前规划那么久。Netflix 的方法是维持敏捷、反复尝试，永远处于测试阶段，我们称这种思维为"永远的测试版"（permanent beta）。

▌自创思维：永远的测试版

科技公司有时会在软件正式推出后，标上"测试版"（beta）字样一段时间，以表示产品尚未全部完成，正在做下个阶段的改善。例如 Gmail 在 2004 年推出，直到 2009 年，有数百万人使用后，才脱离测试版。亚马逊网络书店的创办人兼首席执行官杰夫·贝佐斯（Jeff Bezos）在每年的股东信最后，都会像 1997 年的第一封信那样提醒大家，现在，仍是网络和亚马逊的"第一天"："我们很乐观，但我们必须随时保持警觉和迫切感。"换句话说，亚马逊永远没有完成的一天，永远都是在第一天。对创业家来说，"完成"（finished）是一个禁忌字眼，他们知道，卓越的公司始终都在进化。

每个人都应该把"完成"当成禁忌字眼，我们都是"在制品"（work-in-progress），每天都是机会，让我们在生活与职业中，学习更多、投入更多、成长更多。你应该让职场生涯永远处于测试阶段，让自己认识到自己仍有缺陷，仍需要进步、调整与进化。不过，这仍是一种乐观的思维，因为它强调你还有能力改进自己，从而改进周遭的世界。

加州大学戴维斯分校创业中心的负责人安迪·哈加登（Andy Hargadon）指出，对许多人来说，"20 年的经验"其实只是 1 年的经验重复 20 次。如果你的职业生涯永远处于测试阶段，那么"20 年的经验"就是不折不扣的 20 年经验，因为每年都有丰富的新挑战和新机会。永远的测试版，其实是一种终身持续自我成长的承诺。道理其实很简单，你要不是忙着生活，就是忙着浪费生命。如果没有成长，那就是在退化；如果没有前进，那就是在后退。

▌ 改写生涯的技巧

光有永远测试版的思维，不会改变你的职业生涯，你需要真正的技巧，才能变成人生的创业家。后续几章，我们会教你如何运用这些技巧，包括：

◎ 结合资产、抱负、市场实际状况，来创造你在市场上的竞争优势（第二章）。

◎ 采用 ABZ 计划。先根据你的竞争优势发展 A 计划，然后根据实际建议和学得的经验，反复测试、调整（第三章）。

◎ 建立真诚、持久的关系，让这些关系成为你的强大专业人脉（第四章）。

◎ 运用人脉的丰富资源适时采取行动，为自己发掘、创造机会（第五章）。

◎ 在追求专业机会时，精确评估并明智地承担风险（第六章）。

◎ 运用人脉情报，帮你寻找更好的机会，做出更好的职业决定（第七章）。

在每一章的最后，我们都会附上具体的行动方法，教你如何投资自己。当然，这些技巧并未涵盖和工作、职业生涯有关的一切，本书也不是要分析和创业精神有关的所有想法，实际上，我们是要运用创业技巧，来帮你达成下列两个目标。

第一，我们教你如何在充满改变与不确定的时代中生存，以避免落到底特律的下场。我们要教你如何应变，让职业生涯稳健发展。应变力可以创造稳健发展。

第二，我们要传授你"从人群中脱颖而出"的方法，以全球专业精英之姿态蓬勃发展。无论你是想在企业中晋升、自行创业还是投入全新的产业；无论你对成功的职业生涯有何抱负，我们都会教你以创业家的思维和行动，来达成目标。这些创业家的技巧并非"万灵丹"，但它们能帮你在拥挤的电扶梯上逐步晋升，不仅让你在当今崩解的职场中生存，而且让你能更蓬勃地发展。

我们这就开始吧！新创人生正等着你好好经营。

THE START-UP OF
YOU

2

优势

建立领域第一的竞争优势

2009 年，旧金山湾区 101 号公路旁，有一个广告牌上直截了当地写着："海外有 100 万人可以做你的工作，你有什么特别之处？"虽然"100 万"这个数字可能有点夸张，但很多人能做、也想做你梦寐以求的工作，这一点也不夸张。

任何东西只要有人向往，就会有竞争。冠军赛的门票、魅力男人或女人的怀抱、进入名校就读，还有每个难得的专业发展机会，这些都有很多竞争者。

创业家想要生存，基本条件就是要比竞争对手优秀。各行各业都有许多公司在争夺顾客荷包里的银两。这个世界喧闹又混乱，顾客没时间分析细微差异，如果一家公司的产品和竞争对手的没有很大的差异，那么它就不会引人注意，除非它像非营利慈善机构 Do Something 的首席执行官南希·拉布林（Nancy Lublin）所说的那样是最早、唯一、较快、较好，或比较便宜的产品。优秀的创业家推出有别于竞争对手的产品，他们能够自信地讲完下面这句话："顾客找上我们，而不是其他公司，那是因为……"

成立于 1999 年的网络售鞋公司 Zappos.com，对于这个问题，有明确的答案：好到有点夸张的顾客服务。在 shoebuy.com 和 onlineshoes.com 等网络鞋店提供 30 天内包退服务的时候，Zappos 是第一家提供一年内包退所有商品的网络公司，因此一举成名。

里昂·比恩（L. L. Bean）和 J.Crew 等服饰用品零售商要求顾客每次退还网购商品时，自付运费，而 Zappos 则不问理由，所有退货都免运费。即使 Gap 等知名零售品牌在网络商店模仿 Zappos 提供免费送货及退货服务，但这些公司还是把客服电话以小字列在网页的最底下，而 Zappos 的免费客服电话，则如首席执行官谢家华所说的那样："骄傲地"放在网页的最上面，而且内华达州企业总部里的员工会亲自接听电话。

在这个流行把客服中心外包，又重视时间配额的年代，他们的客服电话没有特定的应答脚本，也没有时间限制，可以说是非常特别。Zappos 以各种可能的方式，打造出顾客导向的文化，使其和竞争对手截然不同，成为数百万忠实网络购物者信赖的购物网站，这也是亚马逊以超过 10 亿美元收购它的原因。

没错，你不是网络鞋店，你卖的是脑力、技巧和活力，而且你面对的是一个竞争激烈的环境。潜在的雇主、合伙人、投资人及其他拥有权力的人，会从和你条件类似的人当中挑选一个。当一个令人向往的机会出现时，许多具有类似资历与教育背景的人都会被纳入考虑，而你的老板们面对的是一群条件不会相差太多的求职者，他们难以辨别这些人实质性的差异。

如果你想在市场中开创出一条有别于其他专业人士的道路，那么第一步就是要能自信地讲完下面这句话："公司录用我，而不是其他专业人才，那是因为……"对于你积极争取的机会，你如何成为"最早、唯一、较快、较好，或比较便宜"的人选？你能提供什么难以取代的价值？

你不必比每一个人更好、更快或更便宜，毕竟公司并不会在每一个产品类别中都进行竞争，也不会提供所有的服务。Zappos 把焦点放在大众主流的商品服饰与鞋子上，如果它想为多种顶级精品提供好得出奇的服务，那么就无法为优质平价鞋类与服饰提供优异服务，因为这会模糊重点，削弱差异。现实生活中，有各方面的金牌，如果你样样都想做到最好、比他人优异，如果你认为成功是样样拿第一，那么你样样都会做不好，也无法赢过任何人。

相反，你应该在特定的领域竞争，这里的"特定领域"是指特定的细分市场和技能。换句话说，不要想成为全世界最优秀的营销经理，而是在医疗产业的中小企业里成为最优秀的营销经理；不要只想成为全世界薪资最高的饭店业人才，而是找到和你价值观相符、可长期投入的饭店，进而成为顶尖人才。在本章，我们将说明如何找出你能创造竞争优势的特定利基点。

"竞争优势"是职业生涯策略的发展基础，有助于回答"人生该如何过得有意义？"这个经典的问题，帮你决定该追求什么机会，也指引你该如何自我投资。由于这些东西都会改变，所以，评估与衡量你的竞争优势，是一生的事，只做一次并不够。你需要了解三块动态拼图，这三块拼图在不同的时间会以不同的方式拼合在一起。

▍竞争优势的三块动态拼图

你的竞争优势是由三道持续改变的不同力量交互作用而成，包括你的资产、抱负与价值观，以及市场实际状况。最好的发展方向是你运用资产，随着市场的实际状况进行调整，追求值得发展的抱负。我们并不期待你已经清楚每块拼图，所以，在下一章中，你会看到，了解这些事情的最好方法就是去做。本章我们会先介绍概念，让你了解它们是如何运作的，以及它们如何指引职业生涯的决定。

你的资产

"资产"就是你现在拥有的东西，在梦想未来、着手规划以前，你需要像创业家那样，清楚地说出你已经拥有哪些本钱。最佳的创业点子通常是以创办人的既有资产为基础，以最巧妙的方式打造出来的。拉里·佩奇（Larry Page）和谢尔盖·布林（Sergey Brin）创立谷歌，唐纳德·特朗普（Donald Trump）创立房地产公司，都是有原因的。

佩奇和布林原本在攻读计算机技术的博士学位，特朗普的父亲是富有的房地产开发商，他在父亲的公司里实习了 5 年。他们的事业目标，都源于自己的专长、兴趣和人脉。

你的职业生涯有两种资产需要追踪：软性资产和硬性资产。软性资产是你无法直接用金钱取得的资产，它们会给成功的职业生涯带来无形贡献，包括脑中的信息和知识、专业人脉及人脉对你的信任、精通的技能、声誉和个人品牌、擅长的事情等。

硬性资产是你列在资产负债表上的东西，包括钱包里的现金、拥有的股票、实体的资产等。这些东西很重要，因为有了经济后盾时，你可以更加积极地投入财务风险较大的行动，如辞职不工作半年，在没有收入的情况下，专心学 Ruby 程序语言等新技能。或者你可以改做一份收入较少，但更充实、刺激的工作。在转换跑道时，相较于只能撑 1—2 个月没有收入的人，能忍受 6—12 个月没有收入的人，会有不同的选择，那其实是很大的优势。

"软性资产"无法像银行账户里的存款那样轻易地计算，但假设你已经满足基本的经济需求，最终而言，软性资产将更加重要。在工作上，主导项目和你有多少存款没有什么关系，真正重要的是你有什么技能、人脉和经验。

因为"软性资产"有点抽象，大家在思考职业生涯的策略时，容易低估它的重要性。有些人会列出看起来煞有其事、实际却很笼统的履历，如"我在营销公司工作过 2 年"等，而不是清楚地列出因为有了那段经历，所以能做什么事情。

帮你记得自己有多少无形软性资产的最好方法，就是去参加社交活动，询问别人在专业上碰到什么问题或需求，你会很惊讶地发现，自己通常有实用的点子或人脉，能够帮上点忙，或者你心里可能会想说："我一下子就能解决那个问题。"通常你是在遇到别人觉得很难但你觉得很简单的挑战时，才发现你拥有着宝贵的软性资产。

不过，"单一资产"通常没有太大的价值，当你结合不同的技能、经验和人脉时，竞争优势才会显现。例如，友人伊藤穰一是麻省理工学院媒体实验室的负责人，他在日本出生，在美国密歇根州成长，二十几岁时搬回日本，他创立的公司是当地率先成立的网络服务供货商之一。他持续在美国建立人脉，投资 Flickr 和 Twitter 等硅谷新创企业，为美国早期的博客平台公司 Six Apart 成立日本分公司，最近也帮忙成立了领英的日本分公司。

伊藤穰一是硅谷创投界唯一有创业经验的人吗？不是。他是唯一同时具有美日成长背景的人吗？不是。但他把跨太平洋、双语、高科技的资产结合在一起，因此，他拥有优于其他投资人和创业家的竞争优势。

你的资产组合并非固定不变，你可以自我投资，强化个人资产，这就是本书要谈的重点。所以，如果你觉得自己缺乏某种让你更有竞争力的资产，那么别拿来当借口，你应该开始开发这些资产，同时，试着把缺点转变成优点。例如，你可能觉得缺乏经验不是什么资产，但是换个角度来看，经验不足可能代表着充满活力、热情，而且愿意积极、快速学习。

你的抱负与价值观

抱负与价值观是第二个考虑项。"抱负"包括你最深切的愿望、想法、目标及对未来的远见，不管外在世界的状况如何，或是你既有的资产组合是什么，你的抱负基本上不会改变。这块动态拼图也包含你的核心价值观，或生活上对你重要的事物，如知识、自主权、金钱、原则、权力等。你可能无法实现所有的抱负，或全盘依照价值观去生活，它们也一定会随着时间而改变，但你至少应该朝着某个大目标发展，即使后来目标有所改变。

杰克·多西是 Twitter 的共同创办人兼执行董事长，也是移动支付公司 Square 的共同创办人兼首席执行官。他以推出创新产品而闻名硅谷，这些产品很重视设计，灵感来自乔布斯和金门大桥等许多地方。他创立的公司都已经巨幅成长，市值高达数十亿美元，但多西的价值观和优先要务始终不变。

Twitter 仍维持着极简的利落设计，Square 的装置依旧简洁优雅。他"化繁为简"的远见，以及对设计的重视，是这些公司发展得如此成功的部分原因。因为这些概念厘清了产品的优先要务，确保了顾客的体验一致，也比较容易招募到认同类似想法的员工。对新创企业来说，以深具吸引力的发展愿景作为目标，就是有意义的竞争优势。例如，谷歌清楚地表明其目的是"整理全球信息"，这个目的吸引了一批最优秀的工程人才，同时，其事业也够广泛，可以持续调整和改进。

抱负和价值观是职业生涯竞争优势非常重要的一环，因为当你在做自己在乎的事情时，你不但会更努力，而且也能做得更好。对工作有热情的人，做起事来，会比只受金钱激励的人表现更优异，也能持续得更久。

不过，在自创你的职业生涯时，你很容易就会遗忘热情的重要与美好。为了稍微改善今日的自己，你可能忘了对未来怀抱的梦想。比方说，如果你现在是摩根士丹利（Morgan Stanley）的分析师，最能妥善运用你既有资产的方法，可能是追求升迁；如果银行业不景气，最能因应市场现实状况的方法，可能是培养相关产业的技巧，如会计业的技巧。但这些行动反映出你真正在意的东西了吗？

许多畅销书作家和激励大师，让你以为可以通过内省，而找到内心深处的"真实自我"，那个"真实自我"会指引给你正确的方向，但那都不是真的。没错，你的远见会塑造你的所作所为，但远见本身也是由你的行动和经验塑造出来的。在你不断成长及世界不断改变的同时，你也在改造自己。你的身份不是找到的，而是自己出现的。

你必须接受不确定性，而且要趁早。例如，卡斯诺查知道自己重视知识的启发，所以努力通过创业和写作，来改变大家的生活，至于采取哪种具体方式比较有效，他仍在探索。

创业家与作家克里斯·叶（Chris Yeh）表示，他职业生涯的使命是"帮有趣的人做有趣的事"。这话听起来或许有点空泛，却有实际的内涵："有趣"是在强调他想找的刺激，"做"是指真的去做，而不是思考。在未来的职业生涯中，你可能会有更具体、更深思熟虑的抱负，这其实和新创企业的使命宣言没什么差别。

我的终极目标是通过创业、科技和财务，来设计与打造人类的生态系统；我以创业、科技和财务作为打造人脉的工具。最后，无论你的价值观和抱负是什么，要知道，它们都会随着时间而改变。

市场的实际供需状况

竞争优势的最后一块动态拼图，则是你生活的这个现实世界。精明的创业家知道，顾客不想要或不需要的产品无法赚钱，无论外形和功能有多炫，都是枉然，如双轮站立式电动代步车赛格威（Segway）就是一例。同理，不论你觉得自己的技能、经验和其他软性资产有多特别，除非它们满足了付费市场的需求，否则都无法为你带来任何优势。

如果伊藤穰一的双语能力是英语和某种鲜为人知的非洲方言，而不是世界第三大经济体的语言——日语，那么在科技公司，这就不算太有吸引力的优势。而且别忘了，"市场"并不是抽象的东西，而是由一群人组成的，他们的决定可以影响你，他们的需求需要你来满足，这群人包括你的老板、同事、客户、部下和其他人。他们有多需要你提供的东西？如果他们真的需要，那你提供的价值比竞争对手提供的好吗？

大家常说创业家是梦想家，的确，但优秀的创业家也非常清楚现在有什么资源、能做什么。更具体地说，创业家投入大量的精力，来探究顾客愿意花钱买什么，因为所有事业的成败，最后都是看顾客是否愿意买单。同样，所有专业人士及职业生涯的成败，就看雇主、顾客或合伙人愿不愿意买你的时间。

1985 年，星巴克前任首席执行官霍华德·舒尔茨（Howard Schultz），准备在美国推出"意大利式"咖啡店，他和合伙人不是突发奇想，他们先竭尽所能地了解自己打算进入的市场，到米兰和维罗纳造访了 500 家咖啡店，尽可能地观摩学习。意大利人如何设计咖啡店，当地喝咖啡有什么习惯，咖啡师如何制作咖啡，菜单如何设计，他们把这些观察都记在笔记里，也以录像的方式记录店内的动态。

这种市场调研也不是创业家在刚创业时才会做的事情。戴维·尼尔曼（David Neeleman）创立捷蓝航空（JetBlue Airways），并在前 7 年担任首席执行官。那时，他每周至少搭乘一次自家的航班，在机舱里工作，用博客记录自己的体验。他写道："我每周搭捷蓝的航班，和顾客对话，了解我们需要从哪方面改善航班服务。"

舒尔茨和尼尔曼创立公司时都非常有远见，从第一天开始，他们就把重点放在顾客和利害关系人的需求上。他们绝顶聪明、见识过人，但他们都很清楚创投家马克·安德森（Marc Andreessen）喜欢说的话：不存在的市场，才不在乎你有多聪明。同样，你有多努力或对某个抱负多有热情，都不重要，如果没有人肯在就业市场上付钱买你的服务，那么它只是一条艰辛的漫漫长路，你什么也得不到。

最后，研究市场现状不必是一种狭隘又负面的活动，这世上总是有一些产业、地域、人群和公司充满动力，你应该乘势坐在那些浪头上。比方说，中国经济的发展、新泽西州纽瓦克市市长科里·布克（Cory Booker）的崛起、环保商品的流行等都是大趋势，把握这些趋势，让市场的实际状况来帮你，而不是阻碍你，这才是在专业上创造突破成就的关键。

▌组合你的竞争优势

良好的职业生涯规划，有赖这三块动态拼图的相互作用，必须将它们完好地拼合在一起，才能创造你的竞争优势。因为培养重要技能不一定能给你提供竞争优势，你擅长某项你很热衷的事情，但不见得就有人愿意付钱请你去做。万一别人愿意降价做这件事情，或做得更好呢？或者万一市场从一开始就对你的技能毫无需求呢？那它就不算什么竞争优势。追随热情也不见得能使职业生涯蓬勃发展，万一你有热情，却能力不如人该怎么办?

另外,屈就市场实际状况,并非长久之计,如果医院闹"护士荒",显示市场对合格护士有强烈需求,那也不表示你就应该改行当护士。无论需求是什么,除非你对这件事情有热情又很擅长,否则,你就不会有竞争优势。

所以当你在衡量每块拼图时,你应该一并考虑其他拼图,而且要经常评估。这些拼图会随着时间持续改变形状和大小,它们拼合的方式也会随着时间而改变。在市场上打造竞争优势,需要在职业生涯的各个转折点拼合这三块拼图。

举例而言,曾经有很长一段时间,我觉得我的事业并不在我的资产、抱负或市场实际状况中。我在佛蒙特州的帕特尼中学(Putney School)念高中,在当地采集枫糖、驾驶牛车,和老师争论"认识论"之类的纯知识。在大学和研究所,我研读认知科学、哲学和政治学,想要改善这个世界。

一开始,我的计划是当一个学者和公共知识分子。当时我很容易感到无聊(虽然现在还是),因此容易分心,成不了什么大事。学术界看来是可以让我永远获得刺激的环境,因为我能以同理心、自我发展、追求知识的价值来思考与写作。我希望能激励其他人落实想法,以创造更美好的社会。

但是研究所虽然刺激,但在文化与奖励机制上,却提倡极度专业化。我发现,学术界走到最后,只是写东西给50位左右的学术精英看,想把理念传播给大众时,却得不到什么支持。所以,我广泛影响数百万人的抱负和学术界的实际状况产生了冲突。于是，我调整职业生涯的方向，我的新目标是通过创业和科技来让社会变得更好。

当我调整自己，一开始思考进入科技业时，我访问了几位在 NeXT（编者注：英国时尚服装品牌）等公司就业的大学同学，希望取得背景信息。我想了解我需要学习什么技能，以及需要培养哪些人脉。我在苹果做第一份科技工作时，Adobe Photoshop 是我需要学的许多事情之一，我需要用它来做产品模型。我读哲学时，从来没想过，我必须利用周末把自己关在房里勤练 Photoshop。我必须学会 Photoshop，这样才能干"产品开发"这一行，所以，我为了在这一行晋升，而学习这一套软件。当你在不同的考虑间拿捏平衡时——如在就业市场的实际状况和个人兴趣之间，免不了需要权衡折中。

即使我在科技业闯荡出了一番事业，也并未放弃原来的抱负。事实上，我在学术界研究的个人身份议题与社群动机，和我目前对社交网站、网络人脉与市场的创业热情息息相关。我对这些问题的长期兴趣，帮助我培养了产业技巧，让我在打造庞大的网络平台时，有别于其他对手。

近几年，我加入 Greylock，开始参与创投工作。我还是在自己擅长的领域里，以我的资产为基础，追求我的抱负。经营大规模事业的经验，让我有别于其他拥有财务背景或有限营运经验的创投者。这让我与创业家合作、协助他们创业成功时，享有扎实的优势。由于我可以和那些创业家合作，而他们的公司也打造和定义庞大的人类生态体系，因此，我能大规模地帮助改善社会，从而实现我想要成为"公共知识分子"的抱负，这三块拼图也成功拼合了起来。

▍挑选适合的利基市场

改善竞争优势的最显著方式，就是强化你的资产组合，并多元发展，如学习新的职业技能等，这显然是很聪明的做法。不过，锁定你既有的资产，投入比竞争对手表现更优异的利基市场，也一样有效。举例来说，无法打美职篮的美国大学篮球选手，通常会加入欧洲球队。与其改变职业技能，他们倒不如改变所在的环境，他们知道自己在素质较差的市场中有竞争优势。

在创业圈，竞争激烈或缺乏竞争都会让结果大为不同。领英从一开始就走和竞争对手不同的路，2003 年刚推出时，竞争对手大多是以企业为导向，把个人档案和身份与特定公司和雇主相联结。领英则是以专业人士为中心，它的创立理念是：每个人都应该拥有并管理自己的身份，也应该有能力和其他公司的人联系，让目前的工作更有成效，这样能让大家在转换工作时，找到更好的机会。

领英有正确的企业理念，Friendster（全球最大社交网站之一）、MySpace（美国著名社交网站）、Facebook 等大型社交网站虽然非常热门，但都没有真正满足专业人士的需求。领英持续投资于吸引专业人士的功能，略过分享照片或网页游戏等无助于提升竞争优势的功能。领英只在有机会拔得头筹的领域竞争，在自己界定的领域领先。

你也能做出同样的选择，让自己有别于周遭的聪明人，在职场上创造类似的专业利基点。马特·寇勒（Matt Cohler）如今是基准资本创投公司（Benchmark Capital）的合伙人，他在二十多岁到三十出头的时候，有 6 年的时间在领英和 Facebook 担任首席执行官助理，也就是我和马克·扎克伯格（Mark Zuckerberg）的助理。多数顶尖人才都想站在人前表现，但很少有人能把"参谋"的角色扮演好。换句话说，当一个出色的得力助手，是一个竞争较少的绝佳机会，而寇勒把这个角色扮演得非常好，并在这个过程中，累积了丰富的成就和人脉。这种职场上的专业差异，让他得以达成长期目标——成为顶尖创投公司的合伙人。

当三块拼图能拼成绝佳的行动计划时，你就可以采取行动。在下一章，我们将探讨规划、调整与行动等主题。

行动计划

▌明天：

◎ 更新你在领英的个人档案，让"个人简介"清楚地说明你的竞争优势。你必须能够填写下列的句子："因为我有（技能／经验／优点），我可以（比同行特定类型的其他专业人士）把（某个专业工作）做得更好。"

◎ 和你共事的其他专业人士，会如何填写这个句子？也就是说，他们会如何形容你的竞争优势？如果他们的说法和你的描述有落差，那你可能有判断错误或自我营销错误的问题。

▌下周：

◎ 找出 3 个和你朝着类似方向努力的人，把他们当成标杆。他们与其他人不同的优势是什么？他们如何达到目前的成就？把他们的领英档案加入书签，订阅他们的博客和 Twitter 上的发言。追踪他们的专业发展，从他们的发展过程中获得启发和见解。

◎ 上领英或 Twitter 搜寻你的雇主及你感兴趣的公司，追踪他们的信息，这样更容易了解新机会和风险的出现。

◎ 写下你在现如今市场上的重要资产。不要写："我擅长演讲。"而是写："我比多数工程师更善于演讲工程议题。"

▌下个月：

◎ 检查日程表、日志、旧的电子邮件，了解过去的 6 个周末，你是如何度过的。当你没有特别行程时，都在做什么？从你安排空闲时间的方式，可以看出你真正的兴趣与抱负所在。比较你的实际行动与你自己讲的有何差异。

◎ 想一想你目前如何为工作增加价值。如果你突然无法上班，有哪些东西无法完成？你一天不上班，公司会是什么样子？那可能就是你增加价值的地方。想一想大家常称赞你的事情，那些可能就是你的优点。

◎ 做一份软性资产投资计划，重点在于了解市场及成长机会。那表示你有可能需要去一趟中国、参加洁净科技（Clean Technology）的会议，或学习一个软件程序。把计划寄给 3 位你信赖的朋友，请他们监督你落实计划。必要时，为这些事情编列预算。

▌强化人脉：

和 3 位你信赖的朋友见面，问他们所觉得的你最大的优点是什么。如果他们需要你帮忙或给予意见，那么会是哪一方面？

THE START-UP OF

YOU

3

应变

制订 A、B、Z 计划

职场畅销书《你的降落伞是什么颜色？》（*What Color Is Your Parachute？*）的书名很古怪。当你规划职业生涯时，你不该问这样的问题，而是应该自问：你的降落伞在变迁的环境中，是否能让你继续飘在空中？如今，职场中的不幸真相是，不管你的降落伞是什么颜色，都可能被摧毁得破破烂烂，即使现在没烂，但随时都可能变烂。

这本书的作者理查德·鲍利斯（Richard Bolles）在第一章写道："开始找工作以前，你应该先决定自己想找什么。无论是热情也好，人生目标也好，使命也好，先了解你的热情何在，再来找工作。"这本书出版 40 年后，这句话仍是大家公认的金玉良言，到处都看得到类似的建议。

史蒂芬·柯维（Stephen Covey）在《高效能人士的七个习惯》（*The Seven Habits of Highly Effective People*）一书中，第二个成功习惯是"以终为始"：你应该确定一项个人使命，全力以赴。华理克（Rick Warren）在《标杆人生》（*The Purpose-Driven Life*）一书中提出一个论点：每个人在这个世上，都有一个上帝赐予的目的。

这些书狂销超过 5000 万册，它们和其他无数的类似书籍，都想传递一个主要讯息：聆听你的心，追随心之所向。你可以借由填写工作清单或深刻的内省，找出自己真正的目标，一旦心里有了使命，那你就应该规划一套长期计划，并加以实现。你必须拥有详细、特定的目标，了解自己是谁、10 年后想变成什么样子，然后回头规划一张稳步向前的路线图。

这些人生哲学，有其具体优点，比方说，拥有值得追寻的目标很重要，如果你对某件事情充满热情，那么你就会觉得做这事很有趣，而且能够持续投入，也能达成更多的成就。长期投入也没有错，想知道自己是否擅长，是否喜欢某件事情，就需要投入一段时间才能确定。

这些优点，虽然让大家在过去数十年把这些人生哲学奉为圭臬，不过，这种职业生涯的规划方式到了现在，却有很大的问题。第一，它是假设我们处在一个静态的世界，但我们在第一章提过，职场已不似以往。如果环境不会改变，那就先决定你 10 年后想达成什么，然后规划行动，计划可能行得通。如果在职场上从 A 点到 B 点，就像平静夏日在湖上泛舟一样，那可能也行得通。但你不是在平静的湖面上，而是在波涛汹涌的海洋上。

传统的职业生涯规划，在比较稳定的情况下是可行的，但是在迅速改变的年代，即使不危险，也有很大的局限。首先，你会改变，你周遭的环境也会改变，你的盟友和对手都会改变。

第二，这种人生哲学是假设你可以轻易获得固定、精确的自我认知。

事实上，关于自我定位与道德目标这种崇高的问题，就像"我对什么充满热情？"之类看似简单的问题一样，需要思索一些时间才能作答，而且答案时常在变。无论处于哪个人生阶段，让单一梦想主导你的存在，都是不明智的。

第三，我们在上一章说过，即使你对某件事情非常向往，这也并不表示就会有人付钱请你去做。如果没有人愿意雇佣你去做你梦寐以求的工作，或是你在经济上无法自给，薪资不足以支持你想要的生活形态，那么把兴趣当职业，是撑不了多久的。

所以，你该怎么选？究竟是依循计划，还是维持弹性？究竟是聆听心声，还是聆听市场？答案是要兼顾。其实，这些都是虚假的选项，就像创业家经常面临同样的虚假选项一样。常有人告诫创业家必须坚定落实愿景，同时，准备好随时针对市场的反应，以改变事业。也常有人告诉创业家要做自己热衷的事业，但要跟着顾客的需求调整。

成功的创业家会两者兼顾，他们灵活地坚持理想，创办忠于个人价值观和抱负的公司，但维持足够的弹性做调整。他们非常关注顾客反馈的意见，但也知道何时不该听信顾客。他们有大致的计划，目的是在市场上发展出真正的竞争优势，但他们也够敏捷，懂得在适当的时机偏离计划。他们总是在市场上努力开发真正的竞争优势。

想要在现如今的世界里成功地经营自己的人生，你可以、也必须在规划职业生涯时做这些事情，这一章就会教你怎么做。

▎ Flickr——灵活调整创业计划

Flickr 是大家最普遍使用的相片分享网站之一，估计服务器上有超过 50 亿张的相片，但这家公司并非从摄影专业起家。事实上，创办人卡特丽娜·菲克（Caterina Fake）、斯图尔特·巴特菲尔德（Stewart Butterfield）与杰森·克拉森（Jason Classon），一开始完全不是提供相片分享的服务。

他们于 2002 年推出的原始产品是一款多人的在线游戏，名为《永不结束的游戏》（*Game Neverending*）。当时的游戏平台大多只允许一人或几个人同时玩同一款游戏，但菲克和巴特菲尔德想开发让数百人一起玩的游戏。为此，他们的计划是开发一个比较不像游戏的东西，而是比较像"帮助同好的社交空间"。为了吸引玩家驻足这个社交空间，他们提供社交和实时通信等功能，还开发了一个让玩家彼此分享相片的插件。这个相片分享的功能，就像游戏的多数功能一样是迅速开发出来的，从构想到成品出现，仅花了 8 周的时间。

这个相片分享的功能在 2004 年加入《永不结束的游戏》时，并未引起广大玩家的反响，相片只是玩家彼此交换的东西而已，就像他们在游戏里收集的宝物一样。不过，没过多久，相片分享功能的人气就超越了游戏本身。

当领导团队发现这项明显趋势时，他们面临着一个重要的抉择：应该拓展这个新的相片分享平台，同时，坚持长期计划，持续开发《永不结束的游戏》，还是要先暂停游戏开发，搁着两万热情的玩家不理，把宝贵的资源集中押注在相片分享上？他们决定偏离原计划，专注开发相片应用程序及附带的相片分享功能，并称其为"Flickr"，而我也在他们刚转型为相片服务商时参与了投资。

Flickr 很快就变成了数百万网友首选的相片分享网站，它的贴标签和分享等社交特点，自然是萌生于原始在线游戏，但他们因应市场反应，改变服务内容。2005 年，雅虎收购 Flickr，使其成为 Web 2.0 的模范生。不过，Flickr 并不只是另一个硅谷的成功故事，其更是机灵调适的范例：创办人从一开始就不断尝试许多东西看有没有用处，并根据学到的经验，灵活调整计划。

▌桑德伯格——把握趋势，乘势而起

有些鼓舞人心的职业生涯，也是以同样的策略发展出来的，例如谢丽尔·桑德伯格。如今桑德伯格是 Facebook 的首席运营官，负责公司的业务营运，她也是迪士尼和星巴克的董事，《财富》杂志（*Fortune*）把她评选为商业界最有权势的女性之一。

你如果认为如此成功的人，从一开始就知道她的目标和抱负是什么，并认真依循着远大的职业生涯计划，一步步向前走，努力实现这些梦想，那你就错了！

桑德伯格并未局限于传统的职业生涯计划，事实上，身为一位大学主修经济的理想主义者，她以前从来没想过到私人企业工作，遑论当上全球数一数二大企业的高阶管理者。桑德伯格的职业生涯是从印度开始的，离现在所处的硅谷相当遥远。她在那里为世界银行做公共卫生计划，那份工作和她内心深处的价值观相吻合——回馈比较不幸的人，在世界上发挥积极的影响力。

桑德伯格是在信奉政治行动主义（political activism）的家庭中成长的，她父亲是医生，经常携带家人到第三世界国家，为穷人免费动手术。她母亲则参与支持苏联反抗分子的行动，协助他们走私伪装成肥皂的白巧克力，到国内黑市贩卖，以换取急需的现金。桑德伯格知道自己很幸运能在美国出生，享有自由与致富的机会，她有强烈的欲望要来回馈社会。

她在世界银行工作了几年后，转换跑道离开公共部门，进哈佛商学院就读，取得 MBA 学位。离开学术界后，她的下一站是商业界。但在管理咨询公司麦肯锡（McKinsey）工作了 1 年后，她发现，在企业发展职业生涯并不适合自己，所以，她又转换跑道，到华盛顿担任美国财政部前部长拉里·萨默斯（Larry Summers）的幕僚长，从 1996 年做到 2001 年。那份工作虽然不是为印度贫民提供医疗服务，但她协助制定了对许多美国人民生活有意义的政策。

顺带一提，为萨默斯效劳并非偶然，萨默斯是她大学的经济学教授，当初她进世界银行工作，也是萨默斯录用的。桑德伯格一如既往审慎运用人脉寻找下个机会，关于这一点，我们会在稍后进一步说明。

美国总统比尔·克林顿（Bill Clinton）卸任后，桑德伯格为了职业生涯的下一步发展，向时任谷歌首席执行官埃里克·施密特（Eric

Schmidt）征询意见。他俩是在财政部认识的，她记得某次为多种选项的优缺点做了详尽的分析，施密特听完的反应是告诉她："不，不！离开杂草丛生的地方，去可以迅速成长的地方，因为迅速成长，才能创造各种机会。"这是相当特别的建议：到有自然动能的市场中工作，把握趋势，乘势而起。

事实证明，2002年的谷歌正是那样的地方。施密特招募她加入谷歌，她接受了，成了谷歌全球网络业务与营运的副总裁，将该部门从加州的4人团队，壮大成全球数千人的团队。同时，她在开发谷歌的网络关键词广告方案AdWords和AdSense上扮演重要角色，这两大业务目前仍是谷歌的主要营收来源。

从公共部门转到私人企业，从华盛顿的权力中心转到硅谷的蓬勃产业圈，你可能会觉得转折很突然，甚至很随机。但事实上，综合桑德伯格的资产、抱负和市场实际状况来看，每一项行动都很合理。她训练的管理技巧对迅速成长的公司很有用，她的经济学背景有助于开创新的网络广告商业模式，而谷歌改善世界的使命和她的价值观一致。在谷歌工作6年以后，马克·扎克伯格延揽她加入Facebook，担任首席运营官至今。

▎创业家永远在演化

Flickr和桑德伯格的共同点在于，两者都颠覆了世人对"成功"的常见假设。一般人认为，成功的新创企业都是突然蹿出，凭着创办人的聪明点子一炮而红的，但 Flickr 一反这种常见假设。事实上，绝大多数公司，并非执行一个出色的总体计划就成功，而是经历一再的颠簸、几次濒危的经验，还有许多调整，才能渐入佳境。皮克斯从销售制作计算机动画的特殊计算机起家，过了一段时间，才跨入电影制作业。同样，星巴克原本只卖咖啡豆和咖啡机，没有打算销售现煮咖啡。

桑德伯格的例子，也推翻类似的假设：人们习惯认为多数成功人士很早就知道志向，并精心规划职业生涯，坚持实现自己的梦想。桑德伯格并非在二十几岁就规划好了生涯计划，然后盲目地执行。她不是排好很多骨牌，然后推倒第一张骨牌，接着就好整以暇地看着其他骨牌一一倒下。她并未固守单一的职业路径，而是在新机会出现时进行评估，把自身不断累积的智慧与经历等资产纳入考虑范围。她在不忘初衷的同时，针对新的专业轨道应变，她表示："我之所以没有计划，是因为计划会把我局限在现有的选项之中。"

若观察一些全球瞩目的专业人士，就会发现桑德伯格的例子其实是常态，而非例外。当然，比尔·克林顿在 16 岁时就决定从政，并在很年轻时就放眼总统大位，但多数人都是在曲曲折折的探索中塑造人生。英国前首相托尼·布莱尔（Tony Blair）在踏入政坛以前，曾当了一年的摇滚音乐推广人；杰里·斯普林格（Jerry Springer）在成为电视名主持人以前，曾当过辛辛那提的市长；安德烈·波切利（Andrea Bocelli）在成为闻名全球的歌手以前，学的是法律。在职业生涯中大放异彩，就像让新创事业成长壮大一样，永远是测试版，永远在进行中。

尽管如此，我们必须知道，新创企业和创业家虽然永远都在演化，但他们所做的决定都是严谨的，不是恣意而为的。他们可能没有实质的发展蓝图，但时时刻刻都在做实际规划，我们称这种严谨的调适型规划为"ABZ 计划"（ABZ planning）。

▎A、B、Z 计划

大家习惯以"你的降落伞是什么颜色？"的方法来做职业生涯规划，而"ABZ 计划"可弥补其中的缺失，它是一种提倡试错法（try and error）的调适型规划，让你积极追求正面效益，并防范可能的负面风险。ABZ 计划对社会新人和 40 或 50 岁的职场人士来说，一样重要，它不是你在职业生涯初期只做一次的事情；毕竟职业生涯没有确切的起点、中间点或终点，无论你年纪多大、在哪个阶段，随时都需要调整与规划。

所以，ABZ 计划究竟是什么？ A 计划是你现在正在做的事情，是你目前落实的竞争优势。执行 A 计划时，你要边学边做，同时进行些微调整，并反复试验。

B 计划是你需要改变目标或方法时所采取的应变对策，它大致上和 A 计划类似。改用 B 计划，有时是因为 A 计划行不通，或是因为发现了更好的机会，无论是什么原因，你都不需要写出太详尽的 B 计划，因为存在着太多变量，但你的确需要考虑到相关的行动和替代方案。一旦你采用 B 计划，并坚持下去，那它就变成了你新的 A 计划。

20 年前，桑德伯格的 A 计划是世界银行的工作，如今，她的 A 计划是 Facebook 的工作。

至于 Z 计划，则是救援方案，也就是你的救生艇计划。无论是事业，还是生活，大家都希望能够顺利发展下去。万一失败了，必须流落街头，那是无法接受的惨剧。所以，若是你的生涯计划毁了，或是你想大幅改变人生，那你有什么可靠稳健的计划？那就是 Z 计划。Z 计划的确定性能让你承担 A、B 计划的不确定性及风险。

稍后，我会带各位逐步了解 ABZ 计划，现在，我们先来看一些能套用在职业生涯各阶段，无论是 A、B、Z 计划都适用的发展技巧。

根据竞争优势拟订计划

拟订职业生涯计划时应该善用你的资产，设定你的抱负发展方向，还要考虑市场的实际状况。但问题是，我们在上一章提过，这三块拼图随时都在改变，你能做的最好的方式就是对每块拼图提出合理假设："我擅长 X，我想做 Y，但市场需要 Z。"做所有计划时，都包含这类假设，定义得愈清楚愈好，以便日后持续追踪。

基本上你需要清楚列出达成计划的所有必要条件，因为它们能引导你采取具体行动。公司通常都有一些大方向的任务要完成，如让股东价值最大化，但杰克·韦尔奇（Jack Welch）说过，让股东价值最大化"无法告诉你每天上班该做什么"。同样，你对自己的事业发展可能有一些宏观的大方向，如"帮助有趣的人做有趣的事"或"设计人脉网络"等，但真正的规划，需要思考；实现抱负，需要具体步骤。

一辈子学习

许多人在学校学习到二十多岁才踏入职场做全职工作。就短期而言，高中辍学生可能比还在读化学系的人能赚到更多的钱。但就长期而言，一般人认为，有专业知识和技能为基础的人，可以赚得更多，也更有可能过上更有意义的生活，事实也的确如此，而新创企业也有类似的观点，科技公司在最初几年把学习看得比获利还重要，以求未来营收最大化。

可惜的是，对很多人来说，大学毕业以后，他们就不再专注学习。他们钻研股票和债券，而不是读书增长知识。他们和同侪比较薪资，而不是比较学到的经验。他们投资股市，却忘了投资自己。总之，他们专注于硬性资产，而非软性资产。但这是错的，我们当然不是要你永远当一个邋遢的穷学生，你的确需要赚钱、累积经济资产，但更应该尽可能地把握机会，将了解自己与世界的学习计划列为优先要务。这样一来，长期而言，你不但可以赚得更多，职业生涯也会更加充实。你应该自问："哪些计划可以更快地帮我累积软性资产？"更简单的问法是："哪些计划可以帮我开发最多的学习潜能？"

边做边学，开启更多机会

创业家以"试错法"检验自己的假设，从而拨开未知的迷雾。任何创业者或认知学习方面的专家都会告诉你，要实际去做，别光是思考或规划，这样才是获得实用知识的最好方法。

在 Flickr，他们原本预计多人在线游戏能够吸引最多用户，等到游戏推出后，实际评估用户反应，每隔几周就开发像相片分享等的新功能，团队这才知道真正的机会在哪里。在领英创立初期，我们的计划是让用户以电子邮件邀请信赖的人加入，这种邀请机制可增进用户数的成长，但后来我们发现，迅速扩展用户的最佳方式，其实是让用户直接上传通讯录，看谁已经加入。

职业生涯也是如此，你要试过才知道最好的计划是什么。我是念了研究所以后，才了解了学术界不适合我。我刚踏入商业界时，误以为我的竞争优势是善于处理复杂的信息和抽象的事物，但开始工作时我才发现，我在网络产业的真正优势是，能够同时考虑到个人心理和大规模的社交动态。

所以，你应该边做边学。不确定能不能进制药业？到辉瑞公司（Pfizer）实习 6 个月，以拓展人脉，看看会发生什么事情。不确定营销或产品开发是不是比现在的工作更适合你？如果公司正好有那些部门，那你可以主动表示你愿意免费帮忙。无论处于什么情境，行动都能带给你启示，帮你验证"假设"是否和"现实"相符，而光靠计划是无法做到这一点的。行动能帮你了解自己想去哪里，并指引你到达的路径。

想好备案，聪明地冒点小风险

当你用这种实验方法来规划职业生涯时，你偶尔会发生失误，那正是试错法中的"错误"。但这些错误不是永远的，好的 A 计划可以中止、回复原状，或是顺利转成 B 计划，使失败成本降到最低。别将所有筹码押在同一处，而是逐步反复试验，从经验中学习。若你想转换跑道，可以先从测试阶段开始，保留正职工作。ABZ 计划能承受失败，只要失败能带给你真正的启示。

提前多想两步

规划与调适的用意，都是为将来做打算。高薪或高职位的工作机会一出现就马上接受，或许能带来立即的满足，却不见得能创造有意义的职业生涯。目标太容易达成，就不是那么有意义、有抱负了。管理大师克莱顿·克里斯滕森（Clayton Christensen）曾告诉哈佛商学院的毕业生："如果你研究商业灾难的根本原因，你会一再发现，灾难之所以会发生，通常是因为大家倾向于挑选能带来立即满足的选项。"但也别因为如此，就想得太远，因为你会改变，世界会变，竞争状况也会改变，这也是这个架构没有 C、D、E 计划的原因。

最好的做法是提前思考与规划两步。如果你希望从分析师升任合伙人，那么在踏进老板办公室要求升迁之前，你可能得先和现在的合伙人搞好关系，或晚上去进修高阶财务管理技巧。迈向目标的第一步有时很简单，比方说，大家偶尔会问我们一个问题："挤进硅谷新创企业的最佳方式是什么？"方法当然有很多种，第一步就是先搬来这里！

如果你不确定第一步或第二步要采取什么行动，那你应该挑选价值高的第一步，也就是能创造多种选择的行动。管理咨询顾问就是扩充"选择性"的经典职业选项，它需要的技巧和经验能套用在众多后续的步骤上，即便你还不确定后续步骤是什么。良好的 A 计划应该富有弹性，能让你改造成多种可行的 B 计划。同样，好的第一步，也能衍生出许多可能的第二步。

打造独立身份

2008 年 11 月，以嘲讽、恶搞闻名的《洋葱报》（*The Onion*）刊登了一篇妙文。文中提到，奥巴马竞选总部的人员，不是躺在公园长椅上，就是在城市街头漫无目的地游走，自从奥巴马胜选后，他们的生活就欠缺意义，有时还需要出动医务人员协助他们。当然，这只是一则笑话，但它实际上也凸显了一个重点：致力投入某件事情的确很棒，但当那件事情变成了你的一切，而你又必须转为执行 B 计划时，你就很容易产生"身份危机"。

你应该建立一个独立于雇主、城市、产业以外的身份，像是你不要把领英个人档案的标题设为"×× 公司营销副总"等特定职称，而是设成"个人品牌"或"资产导向"的称谓，如"创业家""产品策略家""投资者"等。开一个博客，开始培养公信力，并累积与特定雇主无关的工作成果。如此一来，你在转换工作时，就有了一个带着走的专业身份。你是自己的主人，是自己人生的创业家。

接下来，我们来看看如何将这些技巧运用在 ABZ 计划上。

▍A 计划——测试构想的起点

PayPal 是顶尖的跨国在线支付平台，处理美国 20% 以上的电子商务交易。拜 PayPal 的创新技术所赐，世界各地的人在网上相互转账的金额，高达数千亿美元。2002 年，PayPal 公开上市时，它为陷入萧条的科技业带来了希望；当年只有两家公司公开上市，PayPal 是其中之一。同年，eBay 以 15 亿美元收购了 PayPal，它成为硅谷的一大成功个案，但 PayPal 的 A 计划和如今的样貌截然不同。

1998 年，工程师马克斯·拉夫琴（Max Levchin）与衍生性金融商品交易员彼得·蒂尔（Peter Thiel）携手打造"电子钱包"，这个加密平台可以让用户通过手机安全储存现金和个人信息。它很快就演化成可安全通过 PalmPilot 无线传送、接收数字现金的软件，让两个朋友在吃完饭后，可用智能设备拆付账单。

这个绝佳的商业点子，善用拉夫琴的科技背景和蒂尔的金融背景。这两项互补的资产，让他俩在创立公司时，拥有竞争优势。他们将公司命名为"Confinity"，结合 confidence（信心）和 infinity（无限）两个词，只可惜 PalmPilot 并未流行。

所以，他们再次反复试验，开发出不需要 PalmPilot 或任何手机应用程序的在线转账服务，让用户能在网络上安全转账给任何有电子信箱的人，收款者可以再把钱转进自己的银行账户。他们将这项服务命名为"PayPal"，为了让这项服务更适合商业运用，他们也加入了信用卡处理功能。处理信用卡付款，不需要信用卡的银行账号，只要依靠简单、通用的网络接口就够了。

Confinity 和一些早期采用者签约，处理 PalmPilot 应用程序及 PayPal 在线转账服务点对点交易，但 PalmPilot 的发展速度不如预期。

那时，他们很难说明自己的利基点，大众还不习惯用电子及无线的方式进行转账。总之，PayPal 的 A 计划已经无计可施，无法再继续反复测试、做小赌注。但他们学到了很多经验，幸好拜 eBay 拍卖网站持续成长所赐，这场游戏尚未结束。

在职业生涯早期，我也碰到过类似的抉择关口。我离开学术界后的 A 计划原本是进入计算机行业，但我担心是否有足够的技术在硅谷那种地方与人竞争。开发出数百万人使用的技术是一种抱负，显然，市场愈来愈需要有网络经验的人，但我有技巧、有足够的人脉在科技业发光发热吗？为了找出答案，我做了尝试，通过朋友的朋友在加州库比蒂诺（Cupertino）的苹果计算机总部找到了一份工作。苹果雇佣我加入他们的用户体验部门，但我没做多久就发现，产品和市场的契合度，比用户体验或产品设计还重要。你可以开发出卓越、有影响力的使用界面，而苹果也确实做到了这点，但顾客如果不需要或不想要该项产品，就不会购买。

在苹果和其他多数的公司里，产品与市场的契合度，是产品管理部门的职权范围，不归用户经验部门管理。由于产品管理在任何产品组织都很重要，通常也能接触到更多元的工作机会，所以，就像 PayPal 早期发展时反复尝试般，我也想逐渐转进苹果的产品管理单位，这算是我的 A1 计划。但产品管理工作需要相关经验，而这也是常见的矛盾困境：有些工作需要先有经验，但一开始要如何得到经验？我的解决方法是，先免费兼做那方面的工作。

于是，我去找苹果 eWorld 事业群的产品管理部负责人詹姆斯·艾萨克斯（James Isaacs），告诉他我有几个产品的点子，主动表示我愿意在分内工作之外，帮忙把那些产品概念写出来。结果，我真的做到了，产品经理检阅我的概念，给我意见和鼓励，那是可恢复原状的小赌注！是我在工作中的实验，结果相当不错。

那次经验告诉我，我确实有能力，也有直觉在科技业尽情发挥才能（资产）。我发现，产品管理比我最初受雇的工作，更接近科技业的核心（市场实际状况），我也知道产品策略能帮我在商业界晋升到最高层级，进而帮我实现发挥影响力的梦想（抱负）。要不是先进入这一行，我还无法得到这些重要的启示。

在苹果待了近两年后，我到硅谷的富士通（Fujitsu），担任全职的产品经理，这是我的 A2 计划。我仍在执行 A 计划，还是在科技业实验，但我持续为了下一步可能想做的 B 计划丰富我的资产。

▎B 计划——从学到的经验中调整方向

你要随时修改、调整 A 计划，当你觉得需要做更大幅度的改变时，那就是该应变执行 B 计划的时候。"应变"并不是要你随便对着地图射飞镖，然后就往那个方向前进，而是要根据在过程中学到的东西，改变方向或改变达成目标的方法。一旦你改走新的路径，那它就变成了新的A 计划。

PayPal 应变的 B 计划是拜 eBay 所赐，当时在网络上"个人对个人"

的交易市场中，eBay 是最繁忙的市场，所以，客户有财务交易的需求。当时，在不同城市的买家，通常需要邮寄支票或汇票给在另一地的卖家，这种交易过程不仅很不方便、费时，而且很不可靠。随着 eBay 规模逐渐成长，卖家对收款方式逐渐感到不耐烦，他们想要更有效率的方式。

当 PayPal 团队看到愈来愈多 eBay 用户使用 PayPal 处理款项时，他们的第一反应是："他们为什么要用我们的产品？！"别忘了，PayPal 的最初发展重点是放在移动支付上。但很快地，他们的反应变成："哦，或许那些人正是我们的顾客！"这也促使他们想到公司应该转变成执行 B 计划：为 eBay 用户群提供一个网上交易的简单方法。1999 年，PayPal 放弃 PalmPilot 应用程序，把重心放在 eBay 上。这项 B 计划并非随意想出，它仍坚守 PayPal 最初的加密概念，只是根据真实市场需求发展而来。

碰巧，我职业生涯的 B 计划和 PayPal 的 B 计划有了交集。PayPal 开始蓬勃发展的前几年，我分别在苹果和富士通工作了一段时间，决定转而在相关产业创业，自己开一家公司。1997 年，我和朋友一起创立了在线交友网站 Socialnet.com。当时，我的 A 计划是 Socialnet，但我在业余也协助拉夫琴和蒂尔让 PayPal 走上轨道。我答应他们每天半夜前会回电话，并担任公司董事。那时，我心里有两个可能的 B 计划，一是加深我和 PayPal 的关系，即全职加入他们；另一个则是在科技业找另一份工作。我创立 Socialnet 的经验，让这两种转变看起来都是很自然的转变，这项创业经验让我学到了很多。在 Socialnet 关闭约 1 年前，也就是在 2000 年 1 月，我决定全职加入 PayPal，并担任执行副总裁。

PayPal 的 B 计划和我的 B 计划都发展得很顺利。在 PayPal，为

eBay 用户及其他用户处理在线付款，变成了我们的一大业务。但这并不表示后续发展都很顺利，事实刚好相反，PayPal 改变商业模式，招进一些新高管，合并了一家公司，还因为在线诈骗而承担数百万美元的损失。

那阵子是公司最低迷的时刻，一个月得付出 1200 万美元，却没有半点营收。那时的情况，真的很惨，我告诉蒂尔，我们整天站在大楼楼顶撒钱，还比不上公司烧钱的速度。所幸我们的团队灵活应对这些挑战，同时，坚持理想，提供多币种的在线转账服务，从这些挑战中学到了很多。

从职业生涯的角度来看，我也在途中遇到了同样的麻烦，但那些经验都深具教育意义。我学会跟着创业圈的速度调整自己，也学会吸引与雇佣合适的人才，并了解到缺乏耐心可能导致的正负后果，以及许多启示。我从 PayPal 的经营中学到的东西，让我得以做出下一个改变——再次创业，而那家公司就是领英。

执行 B 计划的时间

那么如何知道何时该从正在做的 A 计划转变成 B 计划？何时该换部门、换工作或换产业？答案是你很少确切知道何时该转变，或继续坚持目前正在做的事情。一般而言，科技业给我们的启示是：在大改变来临之前就行动，比在其后行动要好。但改变的最佳时机，确实是一门艺术，也是科学，需要根据最佳意见或你收集到的信息做直觉判断，我们会在第七章探讨这一点。在这个过程中，可能会有好运或厄运降临，为你开启或关闭意外的契机。

　　不过，一般人认为，当事情行不通就是转为执行 B 计划的时候。通常是这样没错，但不见得都是如此。你不见得要等到现在做的东西失败了，再开始转变，桑德伯格转往谷歌发展时，原本的情况一点也不糟。如果你觉得另一头的草地真的比较油亮，那么就勇敢地跨过去！

　　当然，以目前职场的波动来看，应变的决定往往不是自愿的，我们有时是被迫改为采用 B 计划的。可能是遭到辞退、新技术的出现让工作自动化、工作移往海外，或是产业受到重创等。又或者我们的人生可能出现了很大的变动，如生儿育女，重新改变人生要务的排序，需要我们应变以拿捏工作与生活之间的平衡。

　　英特尔的共同创办人葛洛夫把这些事件称为转折点。就企业发展而言，葛洛夫指出，当“十倍力量”（10 × force）破坏事业时，策略转折点就会出现。比方说，对一家小镇的超市来说，沃尔玛在附近开店，就是“十倍力量”；对中型金融公司来说，一家庞大的企业收购它，就是“十倍力量”。无数雄霸一方的企业，如百视达、柯达、《纽约时报》（*The New York Times*）等，都因为数字革命的“十倍力量”，而面临环境转折点。

　　威胁企业的外部力量也可能以同样的方式对你的职业生涯产生深远的影响。对底特律的汽车劳工来说，关闭工厂就是“十倍力量”；对公立学校的教师来说，学校预算遭到削减，就是“十倍力量”。诚如葛洛夫所述：“经营环境中微妙但深远的改变，会促成职业生涯的转折。你未来的职业生涯，将由你的因应行动来决定。"公司或产业的转折点出现时，你通常需要改变职业技能或改变环境，换句话说，你通常需要采取应变行动。

你不可能确切地知道转折点会在何时打乱你的职业生涯，你对未来唯一知道的是，那天来得会比你想的要快，也会比你想的还要奇怪。所以，与其预测转折点何时会来威胁你，不如未雨绸缪。累积软性资产、积极接纳新科技，等转折点真的来临时，你已经准备好迅速运用技巧，顺利采用 B 计划。

发现环境改变，主动求变

詹姆斯·盖恩斯（James Gaines）就是为了因应破坏性力量而调整计划的范例。在纸本杂志盛行的年代，他可以说是叱咤风云，先后担任过《时人》（*People*）杂志、《生活》（*Life*）杂志的总编，最后担任《时代》（*Time*）杂志的总编，当时，《时代》杂志是全球最具影响力的刊物之一。他在那里访问各国元首，领导超过 600 位新闻从业人员组成的编辑团队。

1996 年，他离开《时代》杂志，转而担任时代公司（Time Inc.）的编辑主管，监督公司旗下 26 本杂志的运作。有一年，他想起写作才是他的热情所在，而不是管理。所以，他开始独立撰写书籍。由于他可以在任何地方写作，所以，他举家迁居巴黎，为子女提供更多彩多姿的成长环境，也为他的写作提供更多的灵感。

2002 年，他住在巴黎时，和儿子一起去看《哈利·波特》的第一部电影，这个夜晚成了他职业生涯的转折点。电影中有一幕，哈利·波特打开一本书，一个 3D 人头冒出页面摇头晃脑。盖恩斯记得那一幕，他灵机一动有了创造"交互式"书籍的想法。当时，他正在写一本有关巴赫的书，正好觉得读者听不到书中谈到的音乐很可惜，那一幕让他想到或许科技能让书籍变得更好，能为阅读增添一点像《哈利·波特》般的魔力。

2008 年夏季，就在他 61 岁生日的前夕，盖恩斯搬回美国，那时，他已经出版了两本书。凭他一生待在印刷新闻业与出版业的经历，其实他可以在这行里找到任何资深的职位，但他看到未来已经来临了，旧媒体可能毫无立足之地，所以，他转而采用 B 计划。他很兴奋，一点也不恐慌，他不哀悼过去，而是积极接纳数字科技说故事的独特能力，这种正面思维支持他持续学习。

后来，他成为新兴网络杂志 *Flyp* 的总编辑，这份在线杂志，为政治、金融、社交话题制作影音报道。在网络多媒体的杂志里，盖恩斯必须学习很多东西，而且没有正式的训练或课程。他的年轻部下都是他工作上的老师，指导他编辑影片、剪辑影音文件、了解 MySQL 数据库，以及学习其他网络协议的优缺点。

听到盖恩斯描述这段经历，你会以为这些新技能都很简单，但想想他的自尊，以及他在相关专业累积数十年的经历和丰功伟绩，你就会知道这并没有那么容易。就某方面来说，他觉得自己没有职权，仿佛又回到了年轻的时候。对盖恩斯来说，那是第一天，他的状态处于"永远的测试版"当中。

他不是等候转折点来打乱他的职业生涯，而是主动调整方向；他不是努力维持现状，而是主动发展新媒体需要的职业技能。从头到尾，无论通过哪种媒体传播方式，他始终没有忘记自己在职场上的竞争优势，也就是讲述故事感动人心的能力。

B 计划的选择方向

Flickr 的 A 计划是在线多人游戏，我职业生涯的原始 A 计划是当一个学者，桑德伯格的 A 计划是从印度开始帮助弱势群体，盖恩斯的 A 计划是做杂志编辑，如今，没有人持续执行原始计划。

乍看之下，我们目前的计划似乎都和原始计划无关，但如果你仔细观察，你会看到其中的合理演进路线。我仍通过领英、通过我资助的公司，现在，也通过和卡斯诺查合写的这本书，来传播与社交生活相关的知识和理念。桑德伯格仍在帮助叙利亚和埃及等地的弱势群体，运用 Facebook 号召当地人民反抗压迫。最好的 B 计划，是和你目前做的事情不一样但密切相关的计划。当你在思考 B 计划的选项时，你最好选择能够一脚站稳在原领域、另一脚能跨足新领域的选项，朝着邻近的利基点采取应变行动。

如何启动 B 计划

除非你需要立即采取行动，否则，你可以通过兼职的方式投入 B 计划。比方说，你可以利用晚上和周末来学习新技能，或开始和相关产业的人培养关系、应征兼职实习工作，或开始边咨询边实践。我当初就是这样，我还在 Socialnet 工作时，就开始为 PayPal 提供咨询服务。

3M、Gore-Tex（美国一家以纺织、工业为主要业务的企业）、谷歌和领英等公司，都让员工在上班时挪出部分时间尝试进行次要项目。何不把这种做法也纳入你的个人职业生涯当中呢？每周、每个月，甚至每几个月腾出一天时间，做点属于 B 计划的事情。如果你有想实验的商业点子、想学习的新技能、想培养的关系，或者想满足某方面的求知欲或抱负，都可以先把它当成次要的项目来做，看看会得出什么成果。至少你可以先从和别人讨论开始做起，约 5 个在相关行业工作的人出来喝杯咖啡，聊聊天。

如果你希望一开始迈出的步伐更小一点，不妨休个"职业假期"。有一家名为"职业假期"（vocation vacation）的公司，让你试做梦想的工作，你可以当交响乐作曲家、房地产经纪人或旅行作家。如果你想开一家 SPA 会馆，那么他们会介绍你认识得州 SPA 会馆的老板，送你去她那里待两天，贴身观察经营的细节，深入讨论从事这一行需要什么条件才能成功。这是探索潜在 B 计划是否可行的绝佳方法，而且不需要先投入太多，以免实际采取行动后却后悔。

▌Z 计划——跳上救生艇，重新来过

许多人之所以不采用试错法，不边做边学，不顺应情况转变，而且不尝试本章提供的建议，是因为这些技巧都会让人产生不确定感。"边

做边学"说起来很容易,但万一你不确定自己会学到什么或该学什么呢?
我们会在第六章提到,"不确定感"永远不会消失,对失败的恐惧,也
永远不会消失。想要耐心采纳这些人生创业技巧,你必须在生活中制订
一个非常确定的计划,那就是 Z 计划。当你对 A 计划或 B 计划不再有
信心的时候,或是当你的计划遭到严重破坏的时候,Z 计划是你可以转
做的可靠计划。

　　换言之,Z 计划是你的后盾,它的确定感会让你积极投入 A 计划和
B 计划,而不会犹豫不前。有了 Z 计划,你至少知道自己可以忍受失败;
少了它,你只会陷入恐惧,身陷最坏情境的负面思维中。

　　我第一次创业时,我父亲在他的房子里为我预留了一个房间,以便
我在公司经营不下去时使用。搬回去住、找别的工作,就是我的 Z 计划。
这让我积极地投入创业,因为我知道,必要时,即使我把全部家当都投
入公司中,天也不会塌下来。即使你能接受职业生涯某项计划失败,你
也不能接受无家可归、破产或永远失业这样的结果发生,你的 Z 计划之
所以存在,就是要防范这些无法接受的结果发生。

　　如果你现在二十几岁,依旧单身,到星巴克找工作,或搬回家和父
母一起住,可能是可行的计划。但如果你现在三四十岁,还有小孩,那
么你的 Z 计划可能是动用你的退休老本。无论你的 Z 计划是什么,你可
以把它想成救生艇,而不是长期的计划。启用 Z 计划,可以让你退下来
休息,重新振作,规划全新的 A 计划。它并非终点,它能让你重新振作,
安渡难关,然后重新出发,踏上全新旅程,执行全新的 A 计划。

行动计划

▌ 明天:

◎ 列出你对目前这份职业主要的不确定性、疑虑和问题。列出你对这些不确定性的假设,你在判断究竟该坚持 A 计划或改做 B 计划时,会观察哪些东西?

◎ 写出你目前的 A 计划和 Z 计划,同时,写出在目前的状况下,你可能的 B 计划是什么样子。

▌ 下周:

◎ 约一位曾经和你同行、后来转换跑道的人,出来喝杯咖啡,聊聊天。他是如何转行的? 为什么? 那样转变好吗? 什么迹象意味着转行时间到了?

◎ 制订一套计划,来培养可迁移技能(transferable skill),也就是对其他工作普遍有用的技巧和经验。比方说,写作技巧、一般管理经验、技术与计算机技能、应对进退的技巧、跨国经验或语言能力等,这些都是很有价值的职业技能,也有助于执行众多可能的 B 计划。在你厘清该培养什么综合能力后,制订一套能坚持到底的行动计划,如报名某项课程或研讨会,或下决心每周花一小时自学等。

▌ 下个月:

◎ 从实验次要项目开始着手,利用晚上与周末的时间投入。找不同但技能或经验相关的事情做起,亦即能精进你目前做的事情,或万一

A 计划行不通时，可当成 B 计划的事情。理想上，最好能和你认识的人一起做这个实验项目。

◎ 建立一个和雇主、现居城市、职业无关的独立身份。租一个个人网站（yourname.com）、印一份只有你的名字和个人电子邮件的名片等，这些都是不错的做法。

▎强化人脉：

联系 5 位在相关利基市场工作的人，请他们出来喝咖啡，聊一聊。试着了解一下，你的计划和他们的计划有何不同。长期维系这些关系，以便取得多元的信息，这能让你更有能力在必要时应变，进而转入那些利基市场。

THE START-UP OF

YOU

4

人脉

找到专业盟友，善用『三度联结』

即使你处在"永远的测试版"状态，也在创造竞争优势，并随着局势调整职业生涯计划，即使这些事情你都做了，如果是独自一个人做的，你还是会功亏一篑。全球顶尖专业人士会培养人脉来帮他们纵横世界，无论你的想法或策略有多了不起，如果你是单打独斗，你就永远会输给一个团队。

运动员需要教练和训练师；天才儿童需要父母和老师；导演需要制片人和演员；政治人物需要金主和军师；科学家需要实验室的合作伙伴和导师；拉斯维加斯魔术师双人档佩恩（Penn）需要他的搭档特勒（Teller）；班杰瑞冰激凌（Ben & Jerry's）的创办人班（Ben）需要另一位创办人杰瑞（Jerry）；史蒂夫·乔布斯需要苹果公司另一位创办人史蒂夫·沃兹尼克（Steve Wozniak）。事实上，团队合作是创业圈的显著特色，很少新创企业是一人创立的。创业圈的人都认为，组成一个优秀团队极其重要。

创投家对人才的投资不亚于对概念的投资，创投家通常比较愿意支持有普通点子的优秀创办人，更胜于有好点子的普通创办人，因为他们认为善于应变的聪明人，会设法发展出行得通的东西，像是前面提到的PayPal 和 Flickr。创办人不仅要有天分，而且需要致力招募其他优秀人才加入。

共同创办人和早期员工的优点，反映出了首席执行官的个人优点，这也是投资人评估首席执行官时，不会将其抽离团队来看的原因。太阳计算机（Sun Microsystems）共同创办人兼硅谷投资人维诺德·科斯拉（Vinod Khosla）指出："你打造的团队，就是你打造的公司。"Facebook 创办人扎克伯格也说，他有一半的时间是在招募人才。

就像创业家随时在招募人才与打造优秀团队一样，你也要随时投资你的专业人脉，以丰富你的职业生涯履历。简单地说，就是如果你想加速职业生涯的发展，那么你就需要帮助与支持别人。当然，和创业家不同的是，你不是招募一群员工来对你负责，也不需要向一群董事报告，你所做的，也是你该做的，是逐渐培养一群多元的盟友和顾问。

人脉对于职业生涯很重要，无论你在哪个组织，无论你资历深浅，毕竟每份工作都是在与人互动。事实上，"company"（公司）这个英文单词源自拉丁文的"cum"和"pane"，意思是"分食面包"。没错，即使你是单独写程序的软件工程师，如果想要开发出大家爱用的产品，那么在某个时间点，你还是必须和其他人合作。随便举几家性质完全不同的公司为例，诸如亚马逊网络书店、波音、联合国儿童基金会（UNICEF）、全食超市（Whole Foods）等，都还是由人组成的组织。开发科技、撰写使命宣言，以及在企业商标和抽象商业概念背后的都是人。

人是重要资源、机会、信息和喜好的来源。例如,我和蒂尔多年的友谊,源自大学时代,那是当初我和 PayPal 牵上线的原因。少了那层关系,蒂尔永远不会带着那个改变我一生的机会来找我。同样,少了那层合作关系,当 Facebook 最初需要资金时,我也不会把肖恩·帕克(Sean Parker)和扎克伯格介绍给蒂尔。在联盟关系中,资源和协助是双向流动的。

人也可以是看门人。斯坦福大学组织行为学的教授杰弗里·普费弗(Jeffrey Pfeffer)汇集了一些证据证实,如果你想要升迁,那么深厚的人脉、与老板搞好关系比你的能力还重要。当然,这不是指糟糕的任人唯亲或政治角力,虽然有时候很不幸会发生这种状况。这是有理由的:即使能力稍差一点,只要能和人相处融洽、在团队里有贡献,那还是比能力强、但无法进行团队合作的人对公司更有益。

人际关系很重要,因为你身边的人会塑造你的为人、影响你的样子。行为和理念是有感染力的,你很容易"感染"到朋友的情绪、模仿他们的行为,把他们的价值观变成自己的价值观。如果你的朋友会迅速把事情完成,不拖泥带水,那么你很可能也是那样。改变自己的最快方法,就是和那些已经达成你目标的人相处。

▌我、我们:你和团队的加乘效果

尽管生活中没有重要的事情是独自一人完成的,但我们的文化向来崇拜英雄。征求大家对"通用电气能够雄霸一方"的看法,你可能会听到人们提起韦尔奇，而不是他的团队。若是再问大家对韦尔奇的职业生涯有何看法，你可能会听到他是因为努力、睿智、有创意等，才爬到首席执行官的高位。

我们常会听到某个人会成功，是因为有种种个人特质。承诺帮你改善人生的书籍被归类在"个人成长"（self-help）底下；承诺教你如何脱颖而出的讲座，会被视为个人发展的学习工具。商学院很少教导培养人脉的技巧，而是一味地围绕着"我"打转。为什么我们很少谈起影响我们的朋友、盟友和同事呢？

部分原因在于，独力奋斗成功是个好故事，好的故事有头有尾、有剧情、有明确的因果关系，还有英雄和坏蛋。忽略配角比较容易讲故事，《超人和他的十位盟友》讲起来就没有《超人》来得简单顺口。18 世纪，美国政治家、独立运动推手本杰明·富兰克林（Benjamin Franklin）自己"巧妙地将自传编成独自奋斗的精彩故事"，美国人特别喜欢独力奋斗成功的故事，因为长久以来，美国推崇持枪歼敌的约翰·韦恩（John Wayne）及其代表的顽强的个性。

但这种简单的故事，通常也有误导之嫌。实际上，富兰克林的人脉和人际关系深深影响着他的人生，也是促成他成功的一大因素。其实，只要深入研究名人的生活，都会发现主角获得了广泛的支持与协助。虽然我们都想相信自己是个人成就里的唯一英雄，但我们都置身于城市、公司、社团、家庭、社会里，很多人塑造我们、帮助我们，有时甚至伤害我们。个人是不可能完全脱离其所属环境的，任何成就都不应该抽离于整个广大的社会环境。

　　独自奋斗成功的人可能是一种神话，但俗话说的"团队里没有个人"也是错的，团队里还是有个人的，是由优点和能力各不相同的个人所组成的。迈克尔·乔丹需要队友，但没人会否认他对芝加哥公牛队的贡献比他的队友还重要。如果顶尖球队里有一颗老鼠屎，也会坏了一锅粥。研究显示，在商界，一个团队的表现，通常接近团队里最糟成员的程度。你个人的天分和努力，是成功的必要条件，但可能不是充分条件。

　　在完整版的成功故事中，我们会看到个人和团队都很重要。在"我"和"我们"之间二选一，是错的，两个都很重要。你职业生涯的成败，就看个人能力和人脉如何放大你的能力。想想你和团队的加乘效果，也就是我、我们，通过团队与人脉的协助，个人的能力会加倍壮大。不过，就像 0×100 还是 0 一样，少了个人，也就没有了团队。

▌培养专业上的关系

　　"人际关系"的含义很多元，可疏可近、可长可短、可公可私。建立人际关系的对象可以是老板、同事、合作伙伴、部下，也可以是朋友、邻居、家人或泛泛之交。你与其他人的来往，可能是基于爱情、友情、尊重或必要。有些人根据详细合约条文明确规定的角色与责任和你共事，有些人则没有受到这些条文的规范。"人际关系"这个词的属性广泛多元，因为人与人的互动本质，凌驾于情境的差异。

　　人际关系会因为情境脉络而有显著不同。有些关系纯属个人交情，如亲朋好友等，你周六晚上会找他们，但在忙碌的周一上班时间，你没事，便不会去打扰他们；他们可能是你的儿时玩伴或同学，虽然对你很重要，但不见得和你的职业生涯有关系；他们可能和你有共同的信仰和核心价值观，比如你会在 Facebook 和他们联系、分享昨晚的派对相片，或一起玩《城市小镇》（*CityVille*）或《德州扑克》（*Texas Hold'Em*）等在线游戏。你的 Facebook 大头贴照可能看起来有点怪，大家都想知道你究竟是单身，还是处在一段稳定的关系中。

另外，还有一些纯属专业上的交情，包括同事、同行、顾客、盟友、顾问，以及会计师或律师。你用公司信箱寄信给他们，而不是个人信箱。你们因为共同的商业目的和专业利益聚在一起，你在网络上，和这些人在领英维系关系，互相推荐工作、合作项目、共同寻求专业建议等。那是你针对个人技巧及工作经验分享详细信息的地方，在领英上，你上传展现职场专业的照片，没有人会在乎你是谁，或你在和谁交往。多数人都有一小群亲近的朋友，但他们都会维系一大群这种重要的同事和专业盟友。

简单来说，你认识其他人，不是基于个人交情，就是基于专业交情，不同交情会有不同的应对礼仪和行为预期。如果同事在茶水间向你坦言自己有婚外情，上演着仿佛《办公室》（*The Office*）的情节，便会显得十分尴尬。你脑海里所想的有趣周末，可能也不是和同事的小孩玩沙。

个人交情与专业交情之所以不同，更重要的原因在于情义冲突。例如，你把一位同事当成好友，但他把工作上的重大项目搞砸了，要是你瞒着不说出来，那你就辜负了其他团队成员和公司，项目和你的专业名声也会因此受损，但如果你揭露这件事情，朋友可能会怨恨你。或者，假设一位朋友应征一份工作，请你当推荐人，但你觉得他资格还不够，那么这可能会伤了你们的友谊。基于这些原因，请好友在职业生涯上帮忙，可能是很棘手的事情，因为你是请他们在相互抵触的情义上拿捏平衡，在专业或私交上选边站。

和同事变成朋友是件好事，可能也会产生很多乐趣。你也许会邀请同事参加自己的婚礼，或在周末跟老板或部下一起去品酒。你可能和一些人在 Facebook 及领英上都有联系，但即使在这些情况下，友情发展的程度，大多还是很有限，你们的互动背景仍会持续决定你们彼此的应对礼仪和行为预期。周六晚上在酒吧与周三下午在办公室里的言行就是不一样，即使你面对的是同一个人。

本章把焦点主要放在如何培养并善用专业交情上，我们要谈如何建立真诚的专业关系，并进一步提升这些关系，从而衍生出能够帮助你改写人生履历的个人交情。

用心交往

很多人一听到"人脉"这个话题就没兴趣，他们觉得这个话题听起来很虚假。想象一个极端的人脉狂：充满活力、能说会道、收集超多名片，晚上参加很多聚会，头发梳得利落整齐；或是某个大学同学疯狂地发送电子邮件给学长学姐，过分积极地参加派对找人闲谈，把见过的每个人都加为社交网络上的好友。这些人铆起劲来攀交情，有一天可能会在社交与专业上自讨苦吃。幸好培养与强化人脉不需要像他们那样。

传统的"人脉狂"是现实的，他们在交朋友时，只想到别人对他有什么好处，只和将来有利用价值的人交朋友。相反，认真培养关系的人，会先帮助别人，不计较人情，他们知道好心会有好报，但不会念念不忘。他们随时都会想到友谊，而不只是自己需要什么。

人脉狂觉得通讯录里人越多越好，这种只在意数量的方式，意味着他们在不知不觉中，交到的大多是可有可无的朋友。认真培养关系的人，会以优质的关系为重，重质不重量。

人脉狂想尽办法认识新朋友、主导社交派对，或和业界重要人物搭上线。认真培养关系的人，则是从了解现有的人际社交网络开始，通过本来就认识的人来认识新朋友。

职场上培养的关系就像约会一样，当你决定和某个人培养职业上的关系时，便有多方面需要考虑：你喜不喜欢他；对方帮你累积资产、实现抱负、让你更具竞争力的能力，以及你在这些方面帮助对方的能力；还有，那个人是否善于调适，在必要时，能不能帮你调整职业生涯的计划。另外，就像约会一样，你也应该从长远的观点来评估这些职场关系。

设身处地为对方着想

和他人培养真诚的关系，至少有赖两件事。第一是从对方的观点看世界，没人比经验丰富的创业家更了解这一点。创业家做出大家愿意付钱购买的东西时，就是成功了，那表示你必须了解顾客在想什么。套用新创企业投资人保罗·格雷厄姆（Paul Graham）所说的，想发现大家的需求，就要"去处理人类经验中最难的问题：如何从别人的观点来看事情，而不是只想到自己"。同样，在人际关系中，当你真正设身处地站在别人的立场思考问题时，对方才会开始培养出真诚的关系。

这点很难做到，创业家可以观察销售的起伏，从而衡量他们对顾客有多了解，但在日常社交生活中，我们往往无法得到立即的回应。更难的是，我们理解与因应外在世界的根本方式，让我们觉得一切都是绕着我们运转的。已故作家戴维·福斯特·华莱士（David Foster Wallace）曾如实地描述过这种情况："你经历过的一切，都是以你为绝对中心。你体验的世界就在你前方、后方、左方或右方，在你的电视或计算机屏幕上。"

第二件事是思考如何帮助对方、和对方合作，而不是想着你能从他身上得到什么。当你接触成功人士时，你会很自然地就会马上想道："这个人能为我做什么？"如果你有机会和英国前首相布莱尔见面，那么我们也不能怪你一心只想和他合影。如果你和某个超级富豪一起乘车，便自然会想说服他捐助你或投资你的理念。我们不是要你崇高到完全没有一丝自利的想法，我们的意思是说，你应该先把那些容易浮现的念头搁在一边，先想想如何帮助对方，以后再想你能寻求什么回报。

一份有关协商交涉的研究发现，顶尖协商高手和一般协商者的主要差异，在于寻找共同利益、询问有关对方的问题，以及建立共同立场所花的时间。有效的协商者会花较多的时间做这些事情，思考让对方真正受惠的方法，而不是纯粹为了自利，硬要对方接受苛刻的条件。你也应该这样做，先从向对方展现出诚挚善意开始。

戴尔·卡耐基（Dale Carnegie）谈人脉的经典畅销书《人性的弱点》

虽然充满了智慧，却有个不太恰当的原书名"How to Win Friends and Influence People"，直译是"如何赢得朋友及影响别人"，这书名让卡耐基受到普遍的误解。你不是去"赢得"朋友，朋友并非是你拥有的资产，而是盟友、合作伙伴。你可以想象在跳国标舞时，你没有控制对方的脚，你的任务是和对方一起移动，温和地引导或跟随着对方。那是一种有深度的互动，若是想把朋友当成对象那样赢过来，就会完全破坏双方的努力。

当然，很少有人会坦承用这种方式"赢得"关系，但他们的行动举止，却表露无遗，关系也因此受到影响。有时候，他们给人留下不好的印象，让人觉得太做作，似乎不够真诚。当你能看出某人刻意展现诚意时，你就缺乏兴趣了。那感觉就像你和某人对话时，对方刻意省去你的姓氏，老是直呼你的小名一样，一听就知道他肯定读过卡耐基的书。或是读了培养人脉的书，强调要"真诚"，但你会认为这是为了要满足某人野心的游戏。小说家乔纳森·弗兰岑（Jonathan Franzen）说得好，他说不真诚的人，老是执迷于真诚，除非合作与帮助其他人是你真正想做的事，否则，合作的思维无法成立，关系终究难以培养。

总归一句话，当你和朋友见面及认识新朋友时，不要再自然而然地自问："这对'我'有什么好处？"而是自问："这对'我们'有什么好处？"一切自会水到渠成。

人脉可以增加生活乐趣

有些人不爱谈"人脉经营"，如果不是因为这个主题会让他们觉得很虚假，那就是他们觉得在专业领域培养关系，就像使用牙线一样，虽然大家都说这很重要，但毫无乐趣可言。当你把培养关系视为麻烦事时，你就比较可能像逐一勾选待办清单的例行公事那样，得到虚假的关系。那会让你对培养人脉更不以为然，结果促成更虚假的关系，然后恶性循环，但其实"经营人脉"完全没必要这个样子。

想一下你最开心的回忆，你是独自一人吗？还是和朋友或家人在一起？再想一下你做过的最大胆、刺激的事情，你是一个人吗？还是和别人在一起？培养关系应该是一件乐事，我们就是这样看待人脉的。

卡斯诺查和我喜爱人际互动的复杂性，有机会和他人共事令我们兴奋，扩大了我们对可能性的认识，也拓展了我们的思维。事实上，这也是我们合写这本书的原因。我们不是要建议你变得外向，或是过着派对生活，只是觉得你可以去欣赏其他人的生活经验。"培养关系"是一种令人兴奋又微妙的探询过程，让你了解其他人，也让对方了解你。

善用盟友与弱联结

本书不是要教你如何交际，或如何在拿到别人的名片后做后续的联系，我们不会教你冒昧拜访其他人，因为结交新朋友的最好方法，是通过你已经认识的人去认识他人。美国健康和社会生活调查（National Health and Social Life Survey）指出，70% 的美国人是通过认识的人遇到了另一半，只有 30% 是自己上前自我介绍后认识的。在职场情境中，我们猜想，由认识的人介绍的比例应该更高。

所以，如果你想培养深厚的人脉来推动职业生涯，那么应该先检视既有人脉。不只是因为他们会介绍你认识新朋友，你的人脉也会影响你的言行、改变你的思维和举止，有时甚至在你完全没有意识到的情况下，开启与封闭某些职场门路。

私人与职场情境中有多种不同的关系，从亲近的好友和家人，到客气的同事，再到强度中等的信赖关系。我们把焦点放在两种在职场情境中比较重要的关系上。

第一种是职业盟友。碰到争执或面临压力时，谁会站在你这边？你会邀请谁去吃晚餐，一起"头脑风暴"可选的职业，你信任谁？如果可以，你会积极找谁共事？对于重要的项目，你会找谁征询意见？你找谁一起讨论人生的目标和计划？这些人就是你的盟友。很多人平时最多可以维系 8 到 10 段强而有力的职业盟友关系。

第二种关系是弱联结与点头之交。哪些人和你友好，但不算很熟？你偶尔会写电子邮件给谁？你会请谁在工作上帮个小忙？你还记得两三年前和这个人的对话吗？每个人能维系多少段这种比较薄弱的关系并不一定，从几百到几千段都有可能，主要依据你的个性、工作类型与关系的性质而决定。

▍专业盟友

1978 年，20 岁的玛丽·休·米利青（Mary Sue Milliken）从芝加哥的餐饮学校毕业，尽管她毫无工作经验，但她下定决心，一定要在市区内顶级的鹦鹉餐厅（Le Perroquet）找到工作。经过两周的游说，餐厅终于雇佣她来全职剥葱。与此同时，苏珊·弗尼杰（Susan Feniger）也刚从餐饮学校毕业，她的目标也一样远大，所以，她从纽约搬到芝加哥，几个月后，也在鹦鹉餐厅清洗蔬菜和蒸花椰菜。她们是那个厨房里仅有的两位女性，可能也是对食物最热衷的两位。每天早上，在漫长又辛苦的轮班开始之前，她们都提前两个半小时来上班，也因此结为朋友。

经过一年的锻炼，她们都希望接受新的专业挑战，就各奔东西了。弗尼杰前往洛杉矶，到当时还不知名的奥地利主厨沃尔夫冈·普克（Wolfgang Puck）在美国开的第一家餐厅工作。米利青则继续留在芝加哥，自己开了一家小餐馆。小餐馆后来经营得不太顺利，于是，她决定到法国的餐厅累积一些经验，充实自己的履历。她们虽然好长一段时间没有联系了，但米利青还是打了一通电话给弗尼杰打个招呼，顺便提到她很快就要飞越大西洋到欧洲工作。弗尼杰的反应，令她大吃一惊，因为她也正要做同样的事情。就那么凑巧，她们都即将在下一周前往法国，展开新的工作。

她们在法国的小酒馆吃了几顿饭，周末也一起去了几个法国的小镇，两人的关系在私下里和专业上都日益深厚。她们都梦想着有一天不需要再为别人工作，自己可以开一家餐厅。当在法国的工作接近尾声时，她们握手道别，承诺未来一起工作。这愿望至少当下还没办法实现，米利青最后回到芝加哥，弗尼杰则回到洛杉矶，各自在当地的餐厅里工作。

接下来几个月，弗尼杰没有忘记彼此的协议，力劝米利青搬到洛杉矶，一起实现梦想。米利青后来终于搬家了，她们一起在洛杉矶东部开了第一家舒适、雅致的餐厅——城市餐馆（City Café）。她们一起掌厨，还有一位洗碗工兼送餐服务生负责处理碗盘。由于空间有限，她们把烤架装在餐厅后面的停车场，那是暂时的安排，到了开业的第三年，饥饿的顾客已经排队排了整个街区。

她们开的下一家餐厅比较大，也比较好，名字也叫"城市餐馆"（Ciudad，西班牙语的"城市"），专卖拉丁美洲料理。开业后，餐厅备受好评，媒体开始对这对充满魅力又健谈的搭档感兴趣。她们多年来的合作，以及同时从厨房助手一起晋升为餐厅老板与主厨的故事，相当有吸引力，从她们在洛杉矶和拉斯维加斯的餐厅人气即可看出。

美食频道（The Food Network）为她们开了一个电视节目，名为《烧烫墨西哥玉米粽》（*Too Hot Tamales*），出版商也请她们写食谱。她们第一次在厨房相识时，是在清洗食物和碗盘；30 年后，她们已经在美国的拉美料理界奠定了顶尖的权威地位。

如今，米利青回想她们的合作为什么会成功，指出她们有互补的优点和兴趣："从我们第一次在厨房相遇开始，我们就往不同的方向发展。弗尼杰爱热闹，当现场乱成一团，服务生尖叫，厨师不知道该怎么办，大家都陷入一种可怕的灾难模式时，反而是弗尼杰最自在快活的时候。我则是比较讲求精确与规划的人，不让自己陷入那样的状态之中。"

最近两人的合作关系又进化了，弗尼杰开了一家餐厅，这次没有跟米利青合伙。就某方面来说，这也让弗尼杰独自经营的餐厅，成为竞争对手。她们两人坚称彼此仍是关系深厚的盟友，而她们也的确是。

两人的故事摘录自迈克尔·艾斯纳（Michael Eisner）的精彩著作《合作》（*Working Together*）一书。

由于盟友通常在同一个领域中活跃，有时会互相竞争。"竞争的盟友"听起来可能很矛盾，但当你能偶尔在棘手状态下游走，并维持相互的尊重时，那双方的关系就会是强大的盟友关系。

盟友的角色与价值

哪些常见特质，让米利青和弗尼杰发展成为盟友，也可以用来界定你与他人的关系？

第一，盟友是你经常征询意见的人，你相信他的判断。第二，你们会主动积极地分享机会，也会一起把握机会。你会特别关注盟友的利益，当你们一起追求机会是可行的，那么你就会去做。第三，你会在其他朋友的面前，说盟友的好话，帮他宣传。当盟友陷入冲突时，你会为他辩护，捍卫他的声誉。当你陷入困难时，他也会这样帮你。这世上没有酒肉盟友，如果你们的关系承受不了压力，那就不是联盟。第四，你们会把彼此的关系讲清楚："嘿，我们是盟友吧？我们如何帮助彼此最好？"

朗·霍华德（Ron Howard）和布莱恩·格雷泽（Brian Grazer）是好莱坞顶尖导演和制片人，他们是传奇的盟友与合作伙伴。霍华德一语道尽了他们的合作本质："在如此疯狂的产业里，知道有人真的很聪明，跟你志同道合，往同一个方向迈进，而且你又很在乎他，那是极大的价值。"这就是盟友。

盟友会一起把握机会

我第一次和网络游戏公司 Zynga 首席执行官平卡斯见面，是 2002 年在 PayPal 的时候，那时，我为他正在创立的公司提出一些建议，因为那与我的 PayPal 经验有些相关。我从第一次交谈，就对平卡斯的丰富想象力及过人的活力大为赞叹。相较之下，我的个性比较拘谨，比较喜欢把概念融入策略架构中，而不是恣意挥洒。我们因为风格不同，交谈起来，都感觉对方相当有趣。不过，真正让我们合作成功的因素，在于我们有类似的兴趣和愿景。

2002 年，社交网站才要崛起时，我们一起投资了交友网站 Friendster。2003 年，我们一起买下六度公司（Six Degrees）的专利，那专利涵盖一些社交网络的根本技术。平卡斯后来创立了社交网站 Tribe，我创立了领英。2004 年，当蒂尔和我准备把第一笔资金投到 Facebook 时，我建议平卡斯一起加入，让他出我分到的资金配额的一半。我很自然地就想找他来参与看似有趣的机会，尤其是一个和他的社交网络背景有关的事业，这就是你为盟友做的事情。

2007 年，平卡斯来找我谈他对 Zynga 的想法，那是他和朋友共同创立的社交游戏公司，他现在担任负责人。我一听几乎马上就想投资加入，后来，我的确那么做了。我们都觉得 Zynga 和 Facebook 会变成相当强大的公司，但当初没有人料到这两个公司会创造出那么惊人的成果。

当你有盟友时，你们不会计较，而是尽可能往这个合作关系里投资。是什么因素支持着这段合作关系呢？因为我们都对互联网行业充满热情，尤其是社交网络的领域。我们彼此互补，把彼此当成朋友，我们已经认识好长一段时间了，我们是认识几年后才把彼此当成盟友的。另外，还有一些看似不起眼的原因，但那些原因很重要，也值得一提：我们都住在旧金山湾区。很多研究指出，实际距离上的接近，其实是关系强度的一大指标。

友谊的基础是信任

平卡斯和我合作的事业成果都很令人振奋，不过，即使合作关系没有牵涉到很多钱，但联盟也可以是一种充实的经验。在你的职业生涯初期，盟友帮你发掘自己、培养人脉、规划未来。卡斯诺查和创业家拉米特·塞西（Ramit Sethi）及克里斯·叶的合作是一种信任联盟，他们主要是想加深对世界的共同了解。

他们的合作有一个 21 世纪仅有的特质，那就是在网络上互动。他们利用书签服务 Delicious（一家书签网站，中文又称美味书签）追踪与阅读彼此喜爱的文章、影片、博客及其他网页近 5 年之久。观察别人读什么东西，就像观察他们思维的衍生物一样。在看过数千个书签、博客文章之后，他们对彼此的想法都有了细腻的了解，这就表示他们的每通电话、每次见面，感觉就像接续几分钟前才暂停的对话一样。当彼此的想法如此紧密相连时，他们自然会促成信任、友谊及收获丰富的商业合作。

联盟永远是一种交流，而不是交易。交易型的关系，是像会计师帮你报税那样，你付钱请他花时间帮你做事情。盟友则是同事周日晚上临时需要帮忙准备周一早上的简报时，即使你很忙，你还是会答应去他家帮忙。

这种"来来往往的沟通与合作"有助于信任的培养。戴维·布鲁克斯（David Brooks）写道："信任是以情感包装的惯性互惠，当两人慢慢发现他们可以依赖彼此时，信任就会逐渐滋长。不久，这种信赖关系里的成员，不仅愿意彼此合作，而且也愿意为彼此牺牲。"

你之所以合作与牺牲，是因为你想帮助有困难的朋友，也因为你觉得万一自己将来陷入困境，也可以找他帮忙。这不是自私，而是人性。社会性动物会为彼此做好事，部分原因在于未来可能获得回报。

面对你信赖的专业盟友，回报不是立即的，你不会隔天就反过来对他说："嘿，我帮你做简报，现在我想讨些人情。"理想上，交流的概念会融入现实的命运之中。换句话说，当你愈来愈不计较这些人情、对回报的预期时间拉得愈来愈长时，这段关系就会从交流型的合作，变成真正的联盟。

▌"弱联结"

盟友因维系的性质特殊，所以数量较少。比较松散的关系和点头之交的人数则多出许多，他们对你的专业生活也会有影响，他们是你在会议上认识的人、老同学、其他部门的同事，或是你在日常生活中遇到的想法很妙的有趣的人物。社会学家把这些人脉称为"弱联结"：那些和你相处时间不多、互动也不多的人，像是你一年只在会议上见过一两次面的人，或是只在网络上认识、没见过本人，但彼此还算友好的人。

1973 年，社会学家马克·格兰诺维特（Mark Granovetter）正式研究职场中的"弱联结"，他从一群刚换工作的波士顿职场人士中随机取样，询问他们对新工作的感觉。其中，有些人表示他们是通过认识的人找到这份工作的，格兰诺维特接着问那些人，他们多长时间和那个介绍人碰一次面，请受访者回答是经常见面（一周两次）、偶尔见面（一年一次以上，但一周不到两次），或很少碰面（一年一次或频率更低）。

约 16% 的受访者表示，他们的工作是由经常见面的人介绍的，其他人说是通过偶尔碰面（55%）或很少碰面（27%）的人介绍的。换句话说，介绍工作的人多是"弱联结的朋友"。格兰诺维特为那份报告下了一个贴切的标题《弱联结的强度》（*The Strength of Weak Ties*），并得出下列结论："不太熟的朋友反而会给你介绍很棒的工作。"

格兰诺维特解释，这种结果是因为你的社交圈，也就是性质相似的一群人，通常会阻碍你接触全新的经验、机会和信息。由于大家通常会跟圈内人往来，而你的好友通常是来自相同的行业、群体、宗教圈和有相同喜好的团体。你和某人的关系愈深厚，他们愈有可能在多方面和你相似，而你愈有可能想要介绍他们认识你的其他朋友。

从情感的角度来看，这是件好事。和志同道合的人一起做事情很有趣，但是从信息的角度来看，格兰诺维特认为这种互联性有限，因为同样的信息在志同道合的朋友之间，一再回收发送。如果一个好朋友知道一个工作机会的话，那你可能也已经知道了。强联结通常在知识、活动和朋友圈方面是重复的。

宝贵的"弱联结"是新信息的桥梁

相反，"弱联结"通常是在小圈子之外，你不见得会介绍点头之交给其他朋友。所以，通过弱联结更有可能接触到新信息或新的工作机会，这正是格兰诺维特的立论核心：弱联结可以成为通往其他世界的桥梁，因此，它可以传递你没听过的信息或机会。我们要强调的不是弱联结本身帮你找工作，而是弱联结可能让你接触到你没看到的信息或职位空缺。弱联结本身不是特别宝贵，真正宝贵的是你人脉圈的广度和可触及的范围。

自从马尔科姆·格拉德威尔（Malcolm Gladwell）在他的超级畅销书《引爆点》（*The Tipping Point*）中吹捧格兰诺维特的研究后，这个复杂的条件就此被遗忘了。弱联结的确重要，但是能提供新信息和机会的弱联结才是宝贵的。

跟你在同一领域工作、接触同一批人和信息的弱联结，不会变成格兰诺维特所讲的桥梁。由于知识的取得比以前容易，格兰诺维特在1970年所描述的桥梁也没有以前那么重要了。以前如果想持续了解巴西的状况，唯一的方法可能是和住在巴西的人保持联系，或经常造访当地。现在，点一下鼠标就可以接收到成百上千条媒体信息，你马上就可以知道遥远的岛屿正发生着什么事情。1970年，如果你想找其他城市的工作，你需要住在那个城市的朋友帮你注意当地的报纸，看某公司是否有职位空缺，然后把那个职位空缺信息以传统的方法转寄给你。现在，所有职位空缺信息都刊登在网络上，即使你在别的圈子里没有弱联结，你还是可以轻易得知其他社交圈的信息。所以，弱联结只是扩大人脉圈的一种方法，但能帮你衔接其他世界的任何关系，这些都可以做到。

另外，和你不同又跟你还算亲近、可以帮你介绍工作的"半强"联结（"quasi-strong" tie），比弱联结更有价值，可以扩大人脉圈，我们在 www.startupofyou.com 上讨论更多这种联结。

无论你是以什么方式增加人脉的多元性和广度，当你在职业生涯中转换跑道时，这些关系特别重要。当你转变成执行 B 计划或 Z 计划时，你会想要知道新机会的信息，也会想要认识不同领域的人，他们会鼓励你行动。诚如埃米尼亚·伊瓦拉（Herminia Ibarra）在《转行》（*Working Identity*）里说的，有时，"强联结"最了解我们，他们可能希望在我们转换跑道时给予支持，但他们"通常会强化甚至急于保留我们想要抛去的旧身份。人脉的多元和广度，可增加你应变的弹性"。

▌善用人脉的加乘效果

想象你的生日礼物是一部内置记忆卡的数码相机，你带它到非洲旅行半年，途中没有机会使用计算机，所以，你想留下的相片必须全部存在一张记忆卡上。你刚到当地时，恣意地拍照，甚至还拍了几段影片，但是过了一个月左右，记忆卡快满了，你必须更明智地判断如何运用剩下的储存空间。你可能拍照次数减少，可能决定降低相片分辨率，或是减少录像次数，以便储存更多张相片。但无可避免地，记忆卡的容量还是会达到极限，那时，如果你还想拍新照片的话，就必须删除旧照片。

就像数字相机无法储存无限量的相片和影片一样，你无法维系无限量的关系。这也是为什么即使你很理性地择友，但还是会达到极限，建立任何新关系都免不了会牺牲旧关系。

我们能实际管理的关系上限被称为"邓巴数字"（Dunbar's Number），取名自演化心理学家罗宾·邓巴（Robin Dunbar）。但或许那不该是上限，在 1990 年初，邓巴研究猴子与猩猩群体内部的社交联结。他推论，它们的大脑新皮质较小，因此，社群的最大规模受限。由于和其他动物社交时需要运用智力，所以，灵长类动物的大脑愈小，愈不善于社交，能结识其他灵长类动物的数量也愈少。他也因此推断，由于人类的大脑新皮质特别大，应该可以和更多人社交。

邓巴计算人类能维系的关系顶多是 150 人。为了交叉验证理论，他研读人类学的实地研究报告，以及狩猎采集时代村庄和部落留下的线索。他发现，幸存的部落规模大约是 150 人。他观察现代人类社会时，发现许多企业和军事团体的分组，也大约是 150 人，因此，他得出"150"这个邓巴数字。

但邓巴的研究其实不是跟任何人能认识的总人数有关，此项研究的焦点是放在有多少非人的灵长类动物能在部落中一起生存，虽然也谈到人类，不过，这只是推论。当然，群体的限制和你能认识的人数是密切相关的概念，尤其是你把生活中的每一个人都视为社交圈的一分子时。然而，多数人对社交圈的定义比邓巴在研究中的定义还广。在现代社会中生存，不需要像他研究的部落那样，直接面对面接触社交圈里的每一个人。

无论如何解析邓巴的研究，有一点可以确定的是：每个人能维系的关系数量的确有一个上限，毕竟我们每天只有 24 小时。不过，和大众对邓巴数字的了解所不同的是：关系的上限，并没有一个确切的数字，每种关系各有不同的上限。再回头看数码相机的例子，你可以拍低分辨率的相片，总共储存100张；也可以拍高分辨率的相片，总共储存40张。换成人际关系，你每天都碰面的密友可能只有几个，但你也可以一年写一两次电子邮件，和许多泛泛之交保持联系。

虽然你能维系的盟友和弱联结的数量有限，但他们并非你仅有的人脉，你可以维系一个更宽广的人脉圈，远远超越你记忆卡的容量。当你巧妙地运用这个扩大的人脉圈时，你就能充分体验人脉的加乘效果。

第二度与第三度联结

你的盟友、弱联结，以及你现在认识的其他人，是你的第一度联结。根据"邓巴理论"，任何时候，你能维系的第一度联结有一个上限，但你的朋友认识你不相识的人，这些朋友的朋友就是你的第二度联结。那些朋友的朋友也有自己的朋友，那些人就是第三度联结。

人脉理论学家使用"分隔度"（degree-of-separation）这个术语来指某人在你社交圈里的位置。人脉是个相互联结的系统，就像全球的机场或网络一样。人脉网络是一群人和他们彼此之间的联结；你在职场中互动的每个人，都构成了你的职场人脉。

回想一下你认识某人时, 发现你们有共同朋友的情境。你家附近的五金行店员曾和你姐夫一起去国家公园健步走,你的新女友和老板在同一个保龄球社团。当发现这种情况时,我们总是会说: "这个世界真小!" 在无预期的情况中, 发现这种意外关系非常有趣。就像忙碌的街头充满了素不相识的人, 当我们遇到熟悉面孔时, 我们就会特别注意到。

但是世界真的很小吗? 心理学家斯坦利·米尔格拉姆 (Stanley Milgram) 和学生杰弗里·特拉弗斯 (Jeffrey Travers) 发现的确如此。实际上的世界比我们认为的还要小, 也更密切地相连。1967 年, 他们做了一个后来很有名的实验, 请几百位内布拉斯加州的人寄信给可能认识马萨诸塞州某位股票经纪人的朋友, 再请他们转寄给这位经纪人。

米尔格拉姆和特拉弗斯调查这封信需要转几手才能到达目的地, 平均而言, 这封信转 6 个人就会送到马萨诸塞州经纪人的家中或办公室。换句话说, 那封信在内布拉斯加州的寄件人和马萨诸塞州的收件人之间相隔了六度, 这项研究因此得出了 "六度分隔理论" (Six Degrees of Separation), 也让人相信你和素不相识的陌生人之间有共同的朋友。

2001 年, 社会学家邓肯·瓦茨 (Duncan Watts) 受到米尔格拉姆研究的启发, 做了另一项目标更远大、过程更严谨的全球性研究。他在 13 个国家招募 18 位收件者, 有爱沙尼亚的档案检查员、西澳大利亚的警察、纽约州北部的教授等。接着, 他又从全美各地找了超过 6 万人参加测试, 把一封电子邮件转发给这 18 名收件者中的一位, 或是可能认识这些收件者的朋友, 再请朋友转发给他们。

惊人的是, 把永远没到达目的地的电子邮件也算在内, 瓦茨发现米尔格拉姆说得一点也没错：寄件人和收件人之间的平均分隔距离，是介于五度到七度之间。世界果然很小！我们是如此紧密地相连。

▎善用专业人脉圈里的三度联结

米尔格拉姆和瓦茨的研究显示，在地球这个庞大的社交网络上，人与人之间的相隔，最多不会超过 6 个人。想到你可以通过朋友和数十亿人相连，还有这个概念对你人生履历的实际影响，那感觉还挺酷的！

假设你想当医生，想认识特定领域的一流名医，听说必须靠人引见才能见到他，好消息是，你顶多只和他相隔六度；坏消息是，根据米尔格拉姆和瓦茨的做法，请朋友帮你转发电子邮件送到他的信箱，既没有效率，也不可靠。即使最后那封信真的转发到了，介绍的力量也大幅稀释了，说自己是朋友的朋友的朋友的朋友的朋友的朋友，这关系实在是非常薄弱。

但如果有一张大图能涵盖全人类的社交圈，那么你就能找出连上那位医生的最短路线。如今，这种全人类的社交圈已经逐渐成形，在线社交圈把全球互联的抽象概念，转变成具体、可搜寻的东西。全球估计约有 10 亿名专业人士，其中，有 4 亿已经连上领英，每秒钟有超过两名新成员加入。现在，你可以搜寻这个网络找到人脉，通过最少人的转介，认识那位顶尖医生。你不需要随机传送电子邮件，期待转了六手以后才能抵达目的地。

"六度分隔理论"在学术上是正确的，但在专业上能帮上你的人，只有"三度分隔"是重要的。"三"是个神奇数字，因为别人介绍你认识二度或三度关系的人时，至少介绍人之中，有一人本来就认识你或目标对象。

例如：你→凯伦→珍→莎拉。凯伦和珍在中间，他们两人都认识你或莎拉，亦即牵线的两端，而信任就是这样保留下来的。如果再加一度，中间的人可能既不认识你也不认识莎拉，对于牵线是否顺利，也就觉得无所谓了。毕竟一个人又何必费心介绍陌生人给另一个陌生人认识呢？即使陌生人是朋友的朋友的朋友。

所以，你在专业上可接触到的扩大人脉，不包含和你相隔六度的所有地球人，但的确包含所有和你相隔两三度的人，因为你可以通过介绍来认识他们，而这是很大的一群人。如果你有40个朋友，假设每个朋友都有35个其他朋友，他们又各自有45个不重复的朋友。算一下，你通过介绍就可以认识63000人（40×35×45）。当然，你的朋友可能有些彼此认识，所以，扣除重复的部分，总人数会少一些。

如果你看领英用户的"网络统计"（Network Statistics）页，可以看到那个人的三度人脉圈，扣除重复人数后，还是很大的数字（见图1）。

如果你在领英有170个人脉联结，那你的专业人脉圈其实有超过200万人。这下你明白为什么领英初期的营销标语是"你的人脉比你想的还广"了吧，因为的确如此！而且你的人脉也比你想的还强大。

图 1：三度人脉圈，超过 200 万人

1	**你认识的人** 你信赖的朋友及同事	170
2	**相隔两度** 朋友的朋友	26200+
3	**相隔三度** 朋友的朋友的朋友	2, 199, 100+
	通过介绍，你能接触到的用户总数	2, 225, 400+

2010 年，爱尔兰的软件创业家弗兰克·汉尼根（Frank Hannigan）通过领英上 700 位相识者来宣传他的事业，八天就筹募超过 20 万美元。其中，有 70% 的资金来自第一度联结，30% 来自第二度联结，这就是扩大人脉圈的威力。

▎通过介绍接触第二度与第三度联结

现在你知道接触顶尖名医，或是某位理想的投资金主、某个梦想职位的招募经理等能帮你开启机会的人的最佳途径了吧，可你如何实际接触第二度或第三度联结？通过相识者的介绍可能是最好的方法，有时也是唯一的方法。当你通过共同的朋友认识某人时，你就像在国际上持有护照一样，长驱直入，你们的互动立刻便有了信任。

切记，弱联结和第二、三度联结是不同的。弱联结是你现在就认识的人，那是第一度联结。第二、三度联结是你目前不认识，但可以经由朋友的介绍而接触到的人。

我每天会收到约 50 封创业家的宣传电子邮件，我从来没有投资过任何毫无关系的公司，我想我应该永远也不会投资那样的公司。如果是经由介绍认识的创业家，至少我信赖的人已经审核过了。在我信赖的扩大人脉圈里运作，我可以迅速筛选创业概念。

每次你想认识扩大人脉圈里的新人时，就请人介绍。大家都知道该这么做，但多数人都不会这么做，他们觉得自己冒昧去接触对方比较容易，但请朋友帮忙，就可能有点尴尬。的确，你认识某人，并不表示他就必须介绍你认识他的朋友。你需要直接明确地提出要求，而且需要提出令人信服的理由，让对方明白为什么帮你介绍是有意义的。

"我想认识丽贝卡，因为她在科技业工作。"这理由不够有力。"我想和丽贝卡谈谈，因为我的公司正在找类似她的公司那样的合作伙伴。"这理由比较好，因为介绍看起来对双方都有利。当你想接触某人时，你要清楚地说出你打算如何帮助那个人，或至少你如何确保这不会浪费他的时间。

弄清如何帮助你想认识的人，或至少找出两人最相关的共同利益，的确需要下点功夫。免费在线交友网站 OkCupid 分析男女与可能的追求者之间超过 50 万则首次通信，发现响应率最高的信息包含下列措辞："你提到……""我注意到……"或"我很好奇……"等显示已经小心读过对方档案的字眼。大家在网络交友时会这么做，但换成职业上的联系时，不知怎的，就不这样做了。有些人发出的信息千篇一律，没有在事先做任何功课。

如果你花30分钟研究扩大人脉圈里的某个人（领英是很好的起点），并针对你研究得知的信息，特别写一封信请相识者帮你介绍，那么你的要求自然会获得对方的注意。例如："我注意到你有一年暑假在德国的建筑事务所工作，我以前也在柏林的广告公司待过，现在正打算回去，或许我们可以交换一下德国的商机信息？"

你可以任意想象与规划你的人脉圈，但如果你无法有效地请人介绍或帮人穿针引线，那便只是空想。你应该好好正视这些关系，如果你一个月没有获得至少一次其他人的介绍或帮人介绍一次，那你就可能没有充分运用你职业上的扩大人脉圈。

▍最佳职业人脉圈，兼具丰富、多元的联结

几年前，社会学家布莱恩·乌齐（Brian Uzzi）做了一项研究，探究为什么1945年和1989年之间制作的某些百老汇音乐剧特别成功，如《西城故事》（*West Side Story*）或《欢乐今宵》（*Bye Bye Birdie*）等。这些热门戏剧有哪些特质是冷门戏剧所没有的？他研究后发现，那和戏剧制作者的社交人脉有关。

乏人问津的戏剧通常具有极端特质。第一种极端是有创意的艺术家和制作人合作的作品，他们通常是从之前的戏剧就已经认识彼此。当戏

剧的参与者几乎都是强联结时，戏剧的制作，就缺乏来自多元经验的新鲜感和创见。另一种极端是，参与戏剧的艺术家都没有合作过，当整个剧团几乎都是由弱联结组成时，团队合作、沟通、团队凝聚力就很难发挥。

相反，热门戏剧的参与者，在社交圈方面有健全的平衡：有些人之前合作过，有些没有；剧团里有一些强联结，也有一些弱联结；制作人之间原本就有一些互信，但整体仍包含足够的新鲜血液，可以想出新的点子。乌齐因此推论，音乐剧成功的关键因素，是幕后大家的人脉圈里，凝聚力和创造力有最适的组合，亦即兼具强联结和弱联结。

在远离百老汇闪光灯的地方，同样的动能依旧适用。诺贝尔奖得主尤努斯创立的乡村银行（Grameen Bank），提供小额贷款给孟加拉国贫困农村的村民团体，这些人永远达不到银行的贷款标准。尤努斯的创见是：放款给团体，而非个人，可以创造还款的同侪压力，降低倒账的风险。乡村银行不是对所有上门的团体都来者不拒，放款分析师会找最有可能还款的团体，最佳指标就是团体的人脉圈结构。

社会学家尼古拉斯·克里斯塔基斯（Nicholas Christakis）和詹姆斯·福勒（James Fowler）将乡村银行的运作方式归纳如下："乡村银行在团体内培养有助于互信的强联结，然后通过弱联结把他们和其他团体的成员连起来，如此便可以在出问题时，提升创意解题的能力。"强联结有助于互信，因为大家的信赖体系和沟通风格可能相似。弱联结有助于找出创意解题方案，因为可以从其他社交圈引进新的信息和资源。

你可以用同样的方式来思考你的人脉：最好的专业人脉兼具"窄而深"的关系（强联结）和"宽而浅"的关系（弱联结）。当然，只有强联结能提供深度，这也是为什么这些亲近盟友是最重要的关系。他们在拓展你的人脉广度时，很有帮助，因为强联结比较可能会欣然介绍你认识新朋友，弱联结虽然是新信息的宝贵来源，但通常不会介绍你给其他人，除非有强烈的诱因，亦即对他自己有利。

谈到这一点，格兰诺维特可能会再度指出强联结有重复的问题：你的好朋友大多认识彼此，所以，他们介绍你认识的人，可能你早就认识了，或是你从这些人身上无法取得任何新信息或有趣信息。这也是你应该珍惜机会，和不同领域或社交圈的人培养信赖关系的原因。重视多元性，但不要刻意去物色对象，那样会让人觉得你别有居心。当你和异于自己的人一拍即合时，你们的关系可能会变得多元化，这也可能会扩充你人脉圈里流动的信息和创意广度。

▍互惠互助，让关系不断升温

现在，你应该明白为什么"最多人脉"和"最佳人脉"有所不同了吧！你的人脉价值和强度，不是由通讯录的联络人数来决定的，真正重要的是你的盟友、你的信赖关系强度和多元性、你的人脉中流动的信息新鲜度、你的弱联结广度，以及你接触第二度或第三度联结的容易程度。总之，充实又有益的专业人脉，是由数个因素组成的。你打造人脉的方式，应该是最适合你个人的独特方式。

当你还年轻、勇于探索时，许多不同领域的弱联结可能特别宝贵。

当你步入中年时，或许你想巩固联盟，在特定领域打造深厚的关系则非常重要。无论你的优先要务是什么，你都应该积极培养人脉。想要改写人生履历，你的职场生活有赖你的灵活往来，大方善待你在乎的人。

拓展人脉的方法

人际关系是活生生的东西，只要加以滋养、培育和关照，它们就会成长；一旦疏于照顾，它们就会衰弱。任何亲疏远近、任何类型的关系都是如此。强化关系的最佳方法，就是投入长期的互惠互利，为对方做点事情、给予帮助，但是要怎么做呢？下列所述就是一个不错的例子。

当 Twitter 共同创办人多西和朋友共创移动支付公司 Square 时，他们吸引了很多投资人的关注，拥有超酷点子的优秀创业家，其实是投资人抢着投资的潜力股。Digg 和 Milk 的创办人凯文·罗斯看到 Square 的原型时，马上就看出这个小企业的发展潜力。当他问多西还有没有空间让他人加入初期投资时，多西告诉他已经满额了，他们已经不需要投资人，所以，这件事就此打住。

但罗斯还是想要提供协助，他发现在 Square 的网站上，没有放影片示范怎么操作这项装置，所以，他制作了一部高质量的影片展示操作方法，然后把那部影片当成礼物送给多西。此举令多西相当感动，他因此改变心意，邀罗斯参与"已经满额"的首轮募资。罗斯想办法增加了价值，他没有要求任何回报，只是纯粹地制作了一部影片送给多西，没有附带任何条件。可想而知，多西很感谢这番心意，所以善意回应。

帮助别人，从了解对方开始

帮助别人也是在肯定你自己有能力提供协助，并推翻权力较低、财力较少或经验不足就无法为他人提供好处的错误观念。每个人都有能力提供实际帮助或有建设性的意见。当然，若是你有充足的技巧和经验能够帮助盟友，那么你提供的助力就会最大。能有和睦相处的友谊是不错，但最佳人脉的专业人士能够真正帮助盟友，不光是社交圈的一分子而已，你必须了解哪种帮助才是有用的。

想象你和刚认识的某人一起用餐，你一开口就说："我想在纽约市找工作。"他放下叉子，擦拭嘴角的酱汁，正眼看着你回应："我知道有一份工作刚好非常适合你。"这样有帮助吗？帮助不大吧。因为他可能不知道什么工作最适合你，比较好的回应方式是探询："我想多了解一些你的技术、兴趣和背景。"

光有善意永远是不够的，想要提供有用的协助，那你就需要了解朋友的价值和优先考虑，这样，你提供的帮助才能贴近需要。什么事情让他半夜睡不着觉？他有什么天分？他的兴趣是什么？刚认识某人就问："我能怎么帮你？"未免显得太草率了，首先，你必须了解对方。

赠送别出心裁的小礼物

一旦你了解了他的需求、挑战和渴望，想想可以送他什么小礼物。这里不是指送他亚马逊网络书店的礼券或雪茄，而是指对你来说几乎不花什么成本，但是对他来说还是很有价值的东西，即使是无形的东西也可以。典型的小礼物包括相关的信息和文章、介绍与建议。你送贵重的大礼，反而会招致相反的结果，因为那很像在贿赂，不贵但有心的礼物是最好的。

在决定送什么礼物时，想想你的独特经验和技巧。你拥有的什么是对方没有的？比方说，你可以想象一个极端的假设。哪种礼物对比尔·盖茨（Bill Gates）来说可能有帮助？那可能不是介绍他认识某人，他想见谁，根本不是问题；把你在媒体上读到谈及盖茨基金会的文章发给他，可能也没有用，他可能就是那篇文章的受访者；投资他的项目可能也没用，他又不缺钱。

相反，你应该思考一些小事情，例如，如果你还在读大学，或是有好朋友或兄弟姐妹在读大学，那么你便可以转发给他一些大学里的主流文化与科技使用趋势的相关信息。关于新时代大学生在想什么或做什么的情报，现在还是很难取得的，无论你多有钱，都一样。你知道哪些事情是对方不知道的？赠送精致小礼物的关键在于，那是只有你能提供的。

如果强化关系的最佳方法是帮助对方，那么第二好的方法就是让对方帮助你。就像富兰克林说的："想交朋友，就给人帮助你的机会。"不要对别人的帮助感到不解或持有疑虑，有时，揣测用意虽有道理，但通常并不需要。一般人都喜欢提供协助，如果有人主动提议介绍你认识某个你想见的人，或是主动分享某个重要问题的经验，你应该欣然接受，并表达应有的感谢之意。每个人都会因此而感到开心，你也可以更接近那个人。

当桥梁、帮忙牵线

　　帮助别人的一个好的方法，就是介绍他们认识原本没有机会接触的人和经验，换句话说，就是衔接不同的社群，当桥梁、帮朋友牵线。我的创业热情和我对设计桌上游戏的兴趣，让我有机会介绍许多创业圈的朋友接触德国桌上游戏《卡坦岛》（*The Settlers of Catan*），硅谷因此出现了一个和这个游戏有关的社群。我也结合消费性网络商品的经验和对慈善事业的兴趣，帮助 Kiva 和 Mozilla 之类的组织，把我在营利事业的人脉和经验运用到非营利事业上。

　　卡斯诺查的经验和技巧，让他在加州与拉丁美洲友人、20—60 岁企业人士，以及企业界和出版界人士之间，变成牵线的桥梁。你能够培养出横跨两个或多个领域的技巧、兴趣和经验，然后成为一个圈子衔接另一个圈子的桥梁吗？如果可以，那么你就能提供很大的帮助。

▌保持联系的小诀窍

　　没有什么比收到三年来完全没有联络的人突然来信还要糟糕的了！"嘿，我们几年前在某某会议上认识，我正在找营销方面的工作，你知道哪里刚好有职位空缺吗？"哦，我懂了！你只有在需要帮忙时，才会找上我。

　　一个忙碌的人收到来信，问他知不知道任何职位空缺，或能否推荐某个领域的专家时，他通常会马上想到最近有互动的人。当那偶然的机会出现在他眼前时，他会想到你吗？除非你常在他的心头，老是在他的收件箱或动态消息的顶端。

理论上，和他人保持联系并不难。不过，当你常听到有人歉疚地表示，几个月来没有联络的原因是："抱歉，我真的不擅长保持联系。"仿佛写封简短的电子邮件就像方向感是天生的，勉强不来似的，这种理由听多了，你就可能会觉得保持联系真的不容易。

其实，只要有心，再加上一点条理和积极主动，就能和他人保持联系。你可能听过很多这方面的实用建议，下面我不能免俗地要提供一些小诀窍，你也应该铭记在心。

◎ 你可能不是在死缠烂打。大家对于保持联系常有一种恐惧，怕对方觉得你很烦，感到不胜其扰。你写信给某人，问他愿不愿意一起喝杯咖啡，对方没有回应。一周后，你再写一次，提出同样的邀约，还是没有回应，这下该怎么办？你还要再联络一次吗？这要看情况而定，但通常不要。如果你得不到回应，你还是可以客气地保持联系，试着混合实用信息、小礼物和其他方法。一般人常收到很多垃圾信件，你的信很容易就埋在里头，因此，在你听到"否定"的回应之前，都不算遭到拒绝。

◎ 努力增加价值。在一般问候、告知近况以外，在你可以提供别的东西时，才去联系对方。例如，你在新闻里看到某个人的名字，读了一篇他写的文章，或是认识一位他想招募的合适人才，这时再去联络，就显得非常适合。只是写信问："你好吗？"实在不会引人注意。

◎ 如果你担心自己一个人联系太突兀，可以呼朋引伴。联系一位多年不见的高中同学感觉很怪吗？这里有跟普通做法完全相反的一招，你可以把恢复联系的第一封信，用比较客套的方式表达："我想跟高中老同学重新联络，你们好吗？"这可以减少一些可能出现的尴尬，等到熟悉私下往来以后，再提出私人的邀约信息。

◎ 一顿饭更胜数十封电子邮件。聚餐一小时，可以营造数十封邮件才能累积的关系。如果可以，尽量亲自碰面。

◎ 社交媒体。如果你不是那么主动积极的人，使用社交媒体来维系关系，可能特别适合你。当你更新动态时，如果有人想要回应，他就会回应，没有强制要求。很多人对于文章或动态不会表示意见，但其实都在默默关注。即使有些信息近乎琐碎，但这种简短但持续的更新积少成多以后，还是会让你和在线好友营造出实质的人际关系。你可以用领英来张贴自己的职业现状，用 Facebook 来更新个人近况，用 Twitter 来更新可能会吸引这两个族群的信息。

如果你已经和某个人失去联络，你可以当主动联络的人。现在就行动，或许你可以开门见山地写道："实在是好久不见了！"重新启动学生时代、上一份工作，或以前邻居的紧密关系，是一件相当令人开心的事情，也是培养有意义"新"关系的简单方法。

设立人脉基金

此时，你可能非常认同"保持联系"的重要性，但你真的会去做吗？改变行为不是那么容易。当你必须去做你知道很重要的事情时，你很容易就会想要一拖再拖。所以，史蒂夫·加里蒂（Steve Garrity）和保罗·辛格（Paul Singh）特地花费时间和金钱来与朋友保持联系，这样一来，就再也没有借口不做了。

加里蒂在斯坦福大学念软件工程，暑假在新创企业里实习。2005年取得硕士学位后，他知道自己想在硅谷创立一家科技公司，但他从小到大都待在旧金山湾区，担心如果现在就创业，可能会将自己绑在同一个地方好几年。他想先换一个环境，所以，他去西雅图附近的微软找到了工程师的工作，研究移动搜索技术。西雅图是一个新环境，微软是一家大企业，尽管那个环境和大企业都不是他打算长期投入的地方，但他觉得新经验应该会对他有所启发。

但加里蒂有一大忧虑：他和硅谷创业家、创投家及朋友的关系该怎么办？他知道自己总有一天会搬回硅谷创业，他不想看到当地的人脉圈就此萎缩，所以，他努力维系湾区的人脉，这也是他发挥创意的时候。他不只是想要保持联络，因为保持联络通常最后还是会逐渐失去联络，所以，他事先花费时间和金钱来维系人脉。华盛顿州不征个人或企业所得税，所以，加里蒂觉得他离开加州、搬到华盛顿州，可以省下一笔钱。

搬到西雅图后，他把7000美元的存款设为"加州基金"。只要硅谷有什么有趣人物邀他一起吃饭或喝咖啡，他一定会飞到旧金山与之会面。他把搭飞机视为一小时的开车车程，一位斯坦福的教授不知道他搬走了，打电话给他："加里蒂，一些很有意思的学生明晚会来我家，我想，你应该会很高兴认识他们，你要过来吗？"加里蒂说"好"，他马上订了飞往旧金山的机票。隔天晚上，他就到了教授家，一手提着行李，一手敲门。由于他已经预先安排金钱来落实这项原则，因此，他也就不需要担心机票钱或决策压力。

　　加里蒂在微软的三年半，每个月至少造访湾区一次，这些辛苦也获得了回报。2009年，回到加州时，他和一位旧金山的朋友共同创立赫塞实验室（Hearsay Labs），这位朋友在他经常从西雅图造访湾区的时候，空出沙发让他寄宿。

　　加里蒂不是唯一有计划实践目标的人，保罗·辛格也是。他读完大学后，先在华盛顿做了几份工作，2007年，他搬到加州北部，在一家科技公司上班。他也担心自己的东岸人脉在迁居西岸期间萎缩，所以，他一年腾出3000美元，以便飞回华盛顿和朋友聚聚。除了维系既有的关系，他也用那些钱来会见新朋友，他把那笔存款称为"人脉基金"（interesting people fund），那是他预留下来维系友谊或认识有趣的新朋友的钱。

　　保罗在湾区待了几年以后，又回到华盛顿一家小型基金公司担任驻点创业家（entrepreneur - in - residence）。他就是依靠人脉基金认识了新老板，才接触到这个工作机会。收入多了以后，保罗把人脉基金增至每月1000美元，他主要用那些钱维护当初在湾区培养的人脉。

▎与重要人物维持关系的方法

　　如果你想和忙碌的重要人物维持关系，就必须特别注意地位扮演的角色。"地位"是指这个人在某个时点的权势、声望，以及在特定社交圈里的排名。人生没有固定的权势等级和尊卑顺位，地位是相对而且随时在变的。例如戴维·格芬（David Geffen）在演艺圈的地位崇高，但若和史蒂文·斯皮尔伯格（Steven Spielberg）待在同一个房间里，他的地位就相对矮了一些。同样，布拉德·皮特（Brad Pitt）的演员地位很高，但如果是谈程序编码，整个房间里都是软件工程师，他的相对地位就微不足道了。大家常把美国总统视为"全球最有权势的人"，但还是有些事情是比尔·盖茨能做，但总统做不来的，有些事情是奥普拉·温弗瑞（Oprah Winfrey）能做，但比尔·盖茨做不来的。一个人的地位，要视环境及周遭的人而定。

在多数经管书和职场书当中，你通常不会读到"地位"的问题。大家通常会改谈"尊重他人"或"尊重他人时间"之类的陈词滥调。虽然那些都是好建议，却讲得不完整。无论你喜不喜欢，商业界都充满明争暗斗、制胜绝招和状态信号。当你和比自己重要的人物共事时，了解这些动态，特别重要。

罗伯特·格林（Robert Greene）在成为畅销书作家之前，在好莱坞一家经纪公司上班，那家公司专门贩卖有趣的故事给杂志、电影制片公司和出版商，而他的工作就是寻找这些故事。格林个性好强，想要成为最顶尖的人才。他回忆，当时他的确比其他同事找到更多故事，成功转换成杂志报道、书籍和电影。

某天，他的主管私下告诉他，她对他的工作不太满意。她没有明讲有什么不满，但她确实提到有些地方他就是做得不好。格林非常疑惑，他明明找了许多故事，也成功贩卖了，问题到底是什么？他怀疑是不是自己的沟通有问题，或许是人际关系的问题。所以，他更加积极地和老板沟通，让自己变得更有亲和力。

他主动找老板讨论他的做事流程和思维，并且持续找到很好的故事题材，但除此之外，其他情况依旧没有改善。后来，在员工会议上，现场气氛紧绷到了极点，老板打断会议，直接告诉格林，他的态度有问题。她没有说什么细节，就只是说他不善于聆听、态度不好。

几周后，格林虽然工作表现优异，但是受不了这种含糊批评的折磨，终于辞职了。原本他可以有过人成就的专业发展，如今却成为梦魇。接下来几周，他反省自己和老板之间到底出了什么问题。他原本以为真正重要的是把工作做好，让大家看到他的天分。把事情做好当然是必要的，但他忽略了他的天分可能让老板在别人眼中显得微不足道。他忘了注意周遭的地位动态，没有考虑到其他人的不安全感、地位焦虑及自尊。他没有和高低层的人打好关系，最后，他在职场上付出了惨痛代价，丢了工作。

人人平等，但地位并不相等

人人生而平等，与生俱有不可剥夺的生存权、自由权，以及追求幸福的权利，那是不分性别、种族或宗教的权利保障。一个人要是犯了罪，可能会失去自由，但还不至于失去进食和人道生活条件的基本人权，至少在文明社会是如此。没有人比别人享有更多的人权，只要你还在呼吸，就应当享有基本的尊严，就这么简单。

但是在其他方面，人人并不相等，我们不是活在平权的社会里。每个人的选择各不相同，有些人的运气就是比别人好。比较两个都在金融界工作的人，每天都穿西装、打领带、住在纽约市。表面上，他们的地位似乎是平等的，但实际上，一定有一人更有成就、有权势，更富有、睿智、忙碌、有名。

地位差异会影响大家对你在不同社交场合中的行动的期待，不恰当的行动，可能会冒犯地位相同或地位较高的人，下面我就会提醒你应该如何避免做出这种事情。

情况1：你想到某家公司上班，写信给招聘的副总。你寄出简历，提议到自己家附近的咖啡馆碰面。

邀约时，应该以地位较高者是否方便为重，也就是说，时间和地点要以对方为重。和地位较高的人通信时，应该提议在"您的办公室或附近地点"见面。

情况2：你和产品经理约好见面，你却迟到了。

"迟到"是典型的权力举动，那等于是说："我的时间比你的宝贵，所以，让你等我，没有关系。"我们的确都曾因为无法掌控的因素而迟到，所以，"迟到"不见得是确切的信号，但通常还是意味着什么。你想想，你和奥巴马见面时会迟到吗？当然不会。

情况3：你和同事都是公司里的营销助理，他提及他正在写一份销售提案，你主动表示："我很乐意帮你看看，告诉你哪里

可以更好。"

听起来通常没什么恶意，但是要小心，当你主动表示愿意告诉某人可以如何改进时，你也是在暗指你能够看出他看不出来的缺陷，而且他应该要乐于接受你的意见。如果对方觉得你是同辈，可能不觉得你有资格告诉他该如何改进，他可能就会积怨在心，而不会感谢你。

切记，即使你并非在暗示你比较强大，但无意间的权力举动，依旧是在暗示权力，可能会惹恼决策者，而不是打动决策者。

盲目"拍马屁"只会适得其反

这不是说要对地位较高的人"拍马屁"。盲目肯定重要人物所说的一切并不会令人印象深刻，只会令人觉得虚伪。藐视地位较低的人或炫耀个人的优越，也不是正确的做法。摆出一副大人物的姿态，只会让下面的人产生反感，他们不会受你的启发，也不会对你忠诚。那样做，也会让你上面的人反感，他们会觉得你自吹自擂是因为缺乏安全感。重点在于，应付某些人需要较多的技巧，如果你想要和地位较高的人搞好关系，就要知道应该多配合、迁就对方。

在权力和影响力最高的社交圈里，局势可能诡谲多变。如果你想要和老板、老板的老板、高层或其他地位崇高的人培养和强化关系，想想权力不平衡对你预期的社交行为有何影响。在这方面多用点心思，小心谨慎会有很大的帮助。

▌让不重要的关系自然转淡

人会改变，你也会变，有些关系过了某种程度，就不值得再延续下去了。但某些关系除非碰到强大的刺激因素，否则，继续留着似乎比较容易，所以，有些人继续维系着其实应该放手的关系。

出生于 1980 年至 2000 年的年轻人特别容易有这种偏见。大学时，你和年龄相仿的同学朝夕相处，一起积累了很多共同经验。茶余饭后，很容易聊起某某人在昨晚的宿舍派对中说了什么，但在现实世界中，你们并不是分分秒秒都生活在一起，所以，那些友谊现在有赖于共同的热情和价值观来维系。与此同时，你的兴趣和态度也在演变，成年有一个好处，那就是你可以认识志同道合的朋友。通常你会发现学生时代或儿时同伴是重要的情感回忆，但有些人不像新朋友那么有趣了，这下该怎么办？

你当然应该做点什么，因为如果你持续维系那些旧友谊，就没有时间或精力培养新友谊，重点还是前面提到的"数码相机理论"：你的记忆卡已经没有空间了。不过，和数码相机不同的是，不用积极"删除"你不想联系的朋友，而是让那些友谊自然而然地转淡，这也是一些关系的自然演化。

友情不像爱情，很少有全面断交的理由。即使大家往不同方向发展，友谊慢慢转淡，而信赖还是可以长存。而且和多数旧情人或前配偶不同的是，未来当你们的生活步调更接近时，友谊还是可能恢复的。

许多关系在不知不觉中不幸转淡，积极维系你重视的关系，也理性地让你不太重视的关系渐趋淡薄。

行动计划

▌明天：

◎ 检视过去 6 个月的日程表，找出花最多时间互动的 5 个人，你喜欢这 5 个人对你的影响吗？

▌下周：

◎ 介绍两个你知道双方互不相识的人认识彼此，要确定介绍他们认识彼此对双方都有好处。然后想想你目前所面临的挑战，请认识的人介绍能帮你解决挑战的人。送你想认识的人一个小礼物，如相关的实用文章等，开始培养关系。如果你需要有人指点如何用英文撰写介绍的电子邮件，请上 www.startupofyou.com。

◎ 想象今天遭到解雇时，你会写信给哪 10 个人，征询下一步该怎么走？趁现在还不需要有求于人时，尽快联系他们。

▌下个月：

◎ 从人脉圈中挑一个你想要培养盟友关系的弱联结，以"送小礼物"的方式，想办法积极帮助他，比如寄有趣的文章给他看、帮他准备简报，或转寄职位空缺信息给他等。在未来几个月中，认真投入时间和心力培养这段关系。

◎ 设立一个"人脉基金"，把收入的某个比例自动拨入这笔基金。

用这笔基金来支付咖啡、餐点和偶尔的交通费，以认识新朋友及维系既有的关系。

强化人脉：

重要的不只是你认识的人，还有他们认识的人，亦即你的第二度和第三度联结。规划一个活动，让朋友带几个他们的朋友一起来参加，邀请扩大的人脉圈来参与。

如何投资人脉圈的进阶秘诀，请上 www.startupofyou.com。

THE START-UP OF
YOU

5

机会

机遇是创造出来的

成功从机会开始，机会就像橄榄球里发球给四分卫一样，你还是要把球送进球场里，还是得行动才行。如果四分卫接不到发球，就无法达阵。对年轻的律师来说，机会可能是有幸和事务所里最精明的律师共事；对艺术家来说，机会可能是突然接到知名博物馆的展出邀请；而对学生来说，机会则可能是申请到稀有的旅外研究奖金。

如果找寻这些机会只需要走进店里，从一堆机会中挑选，然后结账离开，那么这个世界的权力阶层也会截然不同。当然，现实世界并非这样运作，你需要在人脉的协助下，走出去寻找与培养专业机会。

而且，不是什么老旧机会都行，创业家并非随便创业，他们运用前面讨论过的心态和技巧，努力寻找难能可贵的商机。同样，为了在职业生涯中闯出一片天地，你需要专心寻找与善用难能可贵的职场经验，亦即增加你的竞争优势，并加速发展你的 A 计划或 B 计划的机会。

在新创企业中，成长通常不是缓慢稳定的，罕见的重大机会，如某种突破、交易或发现，会将公司大举推升、加速成长。以 Groupon（一家团购网站）为例，开站第一年，它只是一个缓慢发展的网站，你可能连它的网站名称 The Point 都没听过，这个网站主要是号召一群人，誓言支持共同的社会与公民理念。

站长安德鲁·梅森（Andrew Mason）发现，网站上反响最热烈的活动是集合一群人增加议价能力。他觉得这是向不同利基点发展的机会，所以，他转而采用新计划，在几周内，火速创办一个网站，专门提供团购折扣给消费者。拜其行动迅速及超级执行力所赐，此举让公司迅速成长，最后，The Point 转变成了 Groupon，如今是一家市值数十亿美元的上市公司。

不过，没有一家新创企业能永远享有超高的成长率，至少在没有持续发掘突破机会下，是不可能的。Groupon 的成长受到竞争对手的挑战后，梅森与同人正在发掘新的机会。其中，一个看似有前景的商机，是为移动中的消费者提供移动定位服务，这项业务名为"Groupon Now"，让有易腐存货的零售业者如餐厅等，可以在非热门时段吸引顾客上门。如果这项业务成功的话，又会启动另一次的加速成长。换句话说，Groupon 的发展轨迹看起来比较像图 2 右方的图示。

找出职业生涯的突破点

职业生涯就像新创企业一样，过程中也会不时地出现突破点。典型的履历表与领英的个人档案通常是按照年代顺序排列，以同样的字体和

层级，列出从最近到数年前的工作经验。从表面上来看，这很容易产生
误导，我们的职业生涯不是由一连串重要性相同的工作组成的，里面一
定有一些比较突出的项目、关系、具体经验，还有运气，因此才促成职
业生涯的迅速发展。

图 2：成长的路径

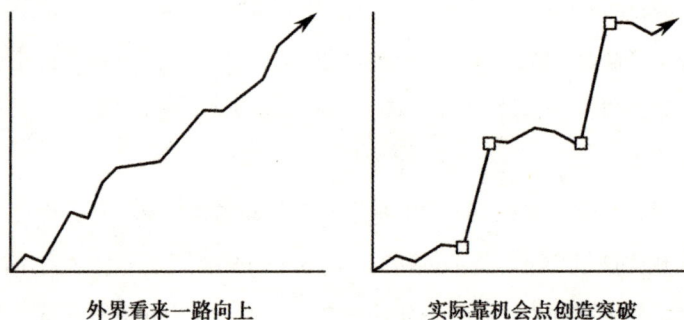

外界看来一路向上　　　　　　　　**实际靠机会点创造突破**

　　以名演员乔治·克鲁尼（George Clooney）的职业生涯为例。1982年，
年轻的克鲁尼就像许多年轻人一样，从肯塔基州搬到好莱坞追逐电影明
星梦。他有一些优势：帅气的外形、一些天分、良好的职业道德、一些
家族人脉。但是，不断试镜12年后，他只能偶尔参与B级电视剧的演出，
离拍摄电影仍相距甚远。1994 年后，一切都变了，他听闻有一个机会，
马上把握，从此事业一飞冲天。

　　当时华纳兄弟公司（Warner Bros.）正在制作一部成本高昂、节
奏紧凑的写实医疗剧，名为《急诊室的故事》（*ER*）。"那剧本刺激、
题材新鲜，和一般的电视剧完全不同。如果真的开播了，不是引起轩然
大波，就是一炮而红。"金伯利·波茨（Kimberly Potts）在谈克鲁尼

的书上如此写道。

克鲁尼的朋友让他看剧本时，他马上就知道这部戏可能是他爆红的机会，所以，他不等该剧的制作人找上门，便马上主动联系执行制作人，表示他争取"主治医生"一角的决心。制作人邀他来试镜，他很快就接到录取的好消息。"我的事业有了新起点！"克鲁尼挂了电话后，对朋友说。事实上，"他的职业，他整个人生，还有周遭人的生活，都即将展开全新的发展"。那部戏获得了热烈反响，他趁着红运当头，离开了电视圈，开始追寻电影梦。

在拍了几部反响普通的电影后，他在电影《战略高手》（*Out of Sight*）中担任男主角，接着，参与超级大片《十一罗汉》（*Ocean's Eleven*）演出，这是热门三部曲的第一部，不久，他就晋升为好莱坞一线男星。这和他当初苦撑多年才获得《急诊室的故事》的爆红角色相比，感觉只花了一点时间。

所以，克鲁尼怎么知道《急诊室的故事》是他出人头地的机会呢？其实，他也不是很确定那部戏一定会让他爆红，这种事情永远都说不准。千载难逢的机会并没有美丽的包装，也没有清楚的标签，绝佳的工作机会，极少登在求职版上，但《急诊室的故事》有一些动人的特质，他注意到了。其中一个关键要素是，其他演出者的素质都很高，这点永远都很重要。

另一项因素是，克鲁尼从来没有在强档电视剧中担任主角，那是一大挑战。当某项职业行动让你觉得是一大考验时，它便会带你往新的方向发展，通常它也包含着影响深远的正面效益。

有些人可能会觉得克鲁尼爆红纯粹是因为运气好，但他只是刚好抓对天时地利人和吗？虽然那的确有运气的成分在内，但你可以培养行为与思维的习惯，增加你碰到天时地利人和的机会。换句话说，即使你还不知道机会是什么，或在哪里，但你还是可以刻意提升专业机会的质与量。

▎永葆好奇心

有一种特质和心态必须像电力一样，随时处于"启动"的状态，才能驱动所有寻找机会的行为，那就是"好奇心"。创业家都充满好奇心，他们在大家看到问题的地方发现机会，其他人只会抱怨，而创业家则是问："为什么？"为什么这个恼人的产品／服务不能正常运作？有更好的方法吗？我能从中获利吗？

梅森当初成立 The Point 的想法是这样衍生的：他本来想取消手机的通话合约，但过程实在太麻烦了，便因此想到如果能汇集多位不满的顾客的意见，或许可以逼电信公司变得更有效率。所以，你甚至可以说，创业精神是因为不满而产生的好奇心！对创业家来说，这让他们对新商机特别敏感。当你面对职业生涯时，对产业、人物、工作的好奇心，无论有没有不满，都会让你对职业机会特别敏感。好奇心很难学习，但是和充满好奇心的人经常在一起，你也会耳濡目染。一旦有了好奇心，它便是你不容易生疏的特质。

当你睁大双眼、抱着好奇心时，你做的事情可以为你大幅增添机会，例如善用人脉、努力争取机遇巧合、看到困境中隐含的机会等。本章会逐一探讨这些概念，了解它们对你的职业生涯有何帮助。但是不要期待你能立即获得回报，梅森可不是某天醒来突然想到 Groupon 的概念的，那机会源于他持续的行动与想法。克鲁尼不是一搬到好莱坞隔天就有机会参演《急诊室的故事》，在此之前，他连续努力了 12 年。培养机会、找出机会、创造机会，都需要持续倾注心力。

所以，即使你当下没有理由积极寻找明确的机会，即使你现在工作得很愉快、深受激励，你还是需要持续创造专业机会。部分原因在于，这样可以锻炼你对机会的本能反应：愈是努力锻炼，愈能加强你对机会的直觉判断，了解机会如何进入你的职业生涯。

另一部分的原因在于，你永远不知道何时必须转变成 B 计划，开始追寻新的机会。领英会根据你的档案内容、所在位置、喜欢你的人所具备的特质，自动为你推荐工作。而且即使你没有表明自己在找工作，领英也会让你看到那些工作。这项功能的灵感来自某位人才招募者的话："每个人都在寻找机会，即使他们浑然不觉。"

▎如何寻找与创造职场机会

在第三章我们看到，成功的新创企业和令人注目的职场人士很少是一帆风顺的。尽管大家普遍以为，创业者或职场人士为公司或职业规划了单一计划，然后努力不懈、一心一意地落实计划，以达成目标，但是成功的公司和职业生涯其实大多经历了多次调整和反复执行。他们从来没有真正抵达固定的目标，那是一场永无止境的旅程。

从这些过程来看，我们很容易"事后诸葛亮"地把突破性的职场机会归因于某个大计划。"后来，由于我知道南希对我的成功至关重要，于是，我决定在派对中和她来个不期而遇……"最好真的是这样。比较可能发生的情况是，你是在不经意间巧遇那个人或突发奇想。所以，关键在于提高你巧遇重要人、事、物的概率，也就是说，努力争取机遇巧合，看着机会出现。

对约翰·达戈斯蒂诺（John D'Agostino）来说，他的职业生涯发展始于 2002 年 9 月发生的机遇巧合，地点在纽约市华尔道夫饭店（Waldorf-Astoria hotel）。达戈斯蒂诺出席意美基金会（Italian American Foundation）主办的活动，那场活动是为了表扬美国纽约商业交易所（NYMEX）主席文森特·维奥拉（Vincent Viola）的成就。美国纽约商业交易所是买卖石油等能源期货的地方，交易金额高达数十亿美元，是全球最大的大宗物资期货交易所，由于地位特殊，它也让维奥拉成为权势过人的大人物。

当时达戈斯蒂诺二十几岁，他来参与这场晚会，是为了感谢基金会帮他支付商学院的学费，他的简短感言，引起了维奥拉的注意。后来，维奥拉递给达戈斯蒂诺一张名片，告诉他："看你能不能从我的日程安排表中，找个时间和我碰面。"达戈斯蒂诺也希望自己有朝一日能成为大人物，他觉得维奥拉那番话就像摇滚巨星波诺（Bono）愿意免费帮摇滚菜鸟上几堂音乐课一样。

他知道这是不容错过的良机，所以，他积极联系，打了十几通电话给维奥拉的秘书后，终于约好和维奥拉共进晚餐的时间。他因此获得录用，进入美国纽约商业交易所担任特殊项目经理，在那里奠定了和迪拜投资发展局（Dubai Development and Investment Authority）联合交易能源的基础。后来，他升任为美国纽约商业交易所的能源副总裁，成为《从华尔街到迪拜：一个年轻人改变石油世界的真实故事》（*The True Story of an Ivy League Kid Who Changed the World of Oil*，*from Wall Street to Dubai*）的主角，算是很好的机遇发展。

努力争取机遇巧合

"机遇"（serendipity）是一个令人愉悦的字眼，用来形容意外的好运。英国小说家霍勒斯·沃波尔（Horace Walpole）创造出这个字眼，以形容他第一次在波斯童话故事《锡兰三王子》（*The Three Princes of Serendip*）里看到的现象。

故事中，国王指派三个儿子去遥远的岛屿，王子遇到一些麻烦，还一度被指控偷窃，但是他们展现出过人的判断力和见解，帮自己洗刷了偷骆驼的罪名，国王和其他统治者因此决定让他们登基为王。沃波尔在写给朋友的信中指出："他觉得锡兰王子的意外好运是机遇；当然，他们运气很好，但他们化险为夷的行动也很睿智。中彩票靠的纯粹是运气，机遇则需要注意潜在的机会，并积极把握。"

不过，即使你充满好奇心，也很机灵，但机会并不会自己出现在你的面前。每个机遇和契机，几乎都会牵涉到某人做了某事。达戈斯蒂诺参加那场活动，在会中接触、应酬他见到的重要人物。克鲁尼不断为角色试镜，Groupon 的梅森在网站上反复测试。在波斯童话中，锡兰王子"不是窝在斯里兰卡某个舒服的王宫卧榻上悠闲度日，而是出远门探索，在四处旅行时，遇到意外的好运"。詹姆斯·奥斯汀（James Austin）在《追踪、机会和创新》（*Chase，Chance，and Creativity*）里这样说。

　　创造出"机遇"这个词的故事，之所以会牵涉到探索和旅程，不是没有原因的。如果你只是躺在床上，就不会遇到意外的好运，不会恰巧碰到让你事业一飞冲天的机会。当你做了某件事情以后，你就像搅动了一锅汤，让看似随机的人、事、物，碰撞出新的组合和机会。当你动起来的时候，你是在编织一张又宽又高的网，以捕捉朝你而来的巧妙机遇。

　　"动起来"这件事说来容易，但是具体而言，该往哪里动呢？我们会在本章的最后，给出一些具体的行动建议，但是努力争取机遇巧合其实很简单，例如下次造访其他城市时，你可以多留一天，认识朋友的朋友，也可以参加一场你不认识任何人的晚宴，或是读一本你平常不会翻阅的杂志。

　　显然，随便朝着某个方向行动是不明智的，例如这时到苏丹的达尔富尔（Darfur）自助旅行可能会碰上不好的机运。不过，如果你的目标是努力争取好的机遇巧合，那么行动便不需要太明确，很多时候，你其实不知道机遇会在何时何处以什么方式找上你。哪个会议上你会巧遇母亲的医药界朋友刚好在招募暑期实习生？好莱坞哪个制作人会回你的第 N 通电话留言，向你索取剧本来看看？哪位知名记者可能开始关注你的

Twitter 账号，联络你说想要引用你的博客？这些事情，谁也无法确定，所以，你应该敞开心胸，但是要设定精明的原则。

你可以去参加会议，主动接近陌生人，但更好的方法是去参加会议，找出你觉得很有趣的人，然后主动去找和那位有趣人物谈过话的人聊一聊。这种方式也是在努力争取机遇巧合，但你也同时发挥了技巧。

老话一句，最重要的是做自己，做你觉得对自己有益的事情，亦即发挥你的竞争优势、善用那三块拼图的事情。参加派对是让自己见见世面的简单方法，但如果你不喜欢派对，就不要勉强自己参加。诚如创业家波·皮博迪（Bo Peabody）所说的："让好事发生的最好方法，就是让很多事情发生。"让事情发生，久而久之，你会打造出自己的机遇巧合，创造出自己的机会。

▌要找机会，先找人

机会不会像云朵般飘浮着，而是紧黏在人的身上。如果你在找机会，那么你其实是在找人；如果你在评估机会，那么你其实是在评估人；如果你想网罗资源以便追求机会，那么你其实是在争取其他人的支持和参与。公司不会给你工作，而是人给你工作。

上一章我们讨论如何打造专业盟友和弱联结等人脉，这里，我们想探讨机会在这些人群中如何流动。拥有好点子和信息的人通常会聚在一起，如果你能接触提供最佳机会的圈子，就能占得先机，这也是几个世纪以来，人类进步的方式。

我们把时光倒转到两百多年前。1765 年，年轻的业余科学家兼牧师约瑟夫·普里斯特利（Joseph Priestley）在英国乡下搭设的简陋的实验室里做实验，他非常聪明，但从来不和同侪打交道。12 月的某天，他到伦敦参加辉格党俱乐部（the Club of Honest Whigs）。这个俱乐部是富兰克林成立的，就像如今用来发展人脉的互动团体一样。

富兰克林到英国为美洲殖民地谋求利益，隔周的周四，就号召一群聪明的朋友，齐聚在伦敦咖啡馆（London Coffee House）。他们畅所欲言地讨论科学、神学、政治及当代其他主题，反映出当时咖啡馆的定位。普里斯特利想写一本书，探讨科学家对电力的了解，他参加那个聚会是想了解大家对这种书的看法，结果他不只得到了大家的看法，富兰克林和朋友还都大力支持他，表示愿意开放私人的科学图书室欢迎他，也愿意帮他审阅手稿，不仅展现友谊，也给予了他鼓励。重要的是，普里斯特利也以同样方式礼尚往来：致力把自己的点子和发现，传播给社交圈，强化了人际关系，精进了想法，也增加了新朋友帮他探索机会的可能。

总之，普里斯特利参与咖啡馆的聚会，就像克鲁尼参与《急诊室的故事》一样，大幅改变了他职业生涯的发展。史蒂文·约翰逊（Steven Johnson）在《发现空气的人》（*The Invention of Air*）里写道，普里斯特利从与世半隔绝的状态，"在咖啡馆的帮助下，投入原本就存在的人脉圈与合作关系"，从此，发展出有名的科学与写作生涯，并发现了氧气的存在。伦敦咖啡馆后来变成了"英国社会的创新核心"。

齐聚交流，头脑风暴

那不是富兰克林第一次聚集朋友做定期的交流讨论，40 年前，他就说服 12 位费城"最聪明"的朋友（他在自传中如此形容）共组社团，目的是互相切磋、精益求精。他们每周相聚一晚，互相推荐书籍、想法和人脉。他们借由讨论哲学、道德、经济、政治来提升自我，并把这个社团命名为"浑托会"（Junto）。

浑托会后来变成头脑风暴的私人论坛，也是引导舆论的秘密工具。这群人想出了很多点子，例如第一个公共图书馆、义勇消防队、第一家公立医院、警察局、铺路等。他们也合作落实机会，例如，浑托会有一个想法是：社会需要结合理论与实际的文科高等教育。于是，富兰克林联合浑托会的成员威廉·科尔曼（William Coleman）和其他人创立学校，亦即后来的宾州大学，那也是美国第一所综合大学。

大家对富兰克林的印象通常是充满干劲、自学成材、创意无限，亦即典型的创业家，但我们觉得富兰克林更像创业家的一点，反而和他的个人才华与特质没有关系，而是因为他善于运用其他人的才华。富兰克林认为，如果他能把一群聪明人齐聚在轻松的气氛中，让大家自在地交流，就会产生好机会。富兰克林掀起了一个趋势，就如 1835 年，法国作家亚历克西斯·德·托克维尔（Alexis de Tocqueville）在经典著作《论美国的民主》（*Democracy in America*）里评价美国时写道：美国最特别的地方，在于人民容易基于兴趣、理念与价值观成立社团。

到了 1900 年初，人脉圈蓬勃发展。J.P. 摩根（J. P. Morgan）是那个年代最有创业精神的企业家之一，他总共参加过 24 个不同的协会。

芝加哥律师保罗·哈里斯（Paul Harris）可能不像摩根那么出名，但他的影响力和摩根相比，可以说是不相上下。他为了让自己的法律事业吸引更多的客户，同时为了排遣无聊，他号召了一群当地的企业人士共组团体，这些人都对彼此的事业发展有些帮助，而且也喜欢聚在一起。他们把这个团体命名为"扶轮社"（Rotary），因为每周的聚会，是轮流在各个成员的家中举行。后来，社团规模日益成长，为了维持不拘礼数的形式，他们不准成员呼叫彼此时还冠上姓氏、职称或"先生"，违者，即以罚款处分。如今全球有 3 万个扶轮社团，有超过 120 万名积极参与的会员。

20 世纪最后的 25 年间，非正式的人脉圈仍在扩增，尤其是在美国一些优异的创新核心里。1975 年，湾区一群微型电脑的爱好者组成"家酿计算机俱乐部"（Homebrew Computer Club），邀请同样对科技感兴趣的人"参加这个同好会，交流信息、交换点子，一起做项目"。总共有 500 位年轻的科技爱好者参加，其中，有 20 人后来创立了计算机公司，包括与乔布斯共同创立苹果公司的沃兹尼克。自组计算机俱乐部，帮忙奠定硅谷以非正式人脉圈传播机会和信息的独特模式，我们会在第七章进一步讨论这一点。

从"自助"变"群助"

非正式的小型人脉圈，在传播点子时，仍然比较有效率，这也是各地普遍都有家长会和校友会的原因，另外，还有读书会、养蜂会、研讨会、同业公会等。如果你想接触更多的机会，就尽量参加团体和协会。如果你不知道该从哪里开始，可以上 www.meetup.com。Meetup 帮助 55000 座城市里的 9 万个利益团体组织活动，以汇集志同道合的人士。Meetup 的首席执行官斯科特·海费尔曼（Scott Heiferman）表示："DIY（自助）已经变成'DIO'：do it ourselves（群助）。现在有愈来愈多人是找伙伴一起做事。"这就是"我、我们"的实例。

卡斯诺查和我参加过无数的会议和聚会。事实上，我们第一次见面就是在一个特殊的活动上，那场聚会每年汇集了 100 人讨论多元的议题，主题从科学到政治，再到实践哲学，五花八门。活动中没有主讲人，也没有小组座谈，大家就只是在犹他州圣丹斯（Sundance）的非正式场合中集思广益，互动认识。

通过聚会增加经验，需要花点巧思，克里斯·萨卡（Chris Sacca）在这方面相当在行，如今，他是科技界新创企业的投资人，但是他踏进投资界、在谷歌工作前是失业的律师，亟须收入偿还助学贷款。他开始从聚会及科技业活动的后门偷偷潜入会场，运用他擅长的西班牙语，巧言说服厨房的员工让他进去。

他发现，把只印有名字的名片递给新认识的人时，无法给对方留下深刻印象，所以，他想出一个聪明计划，来提升他在活动中的可信度——创立一家顾问公司，自己当老板。他印了新名片，花钱请工程师帮他创办一个网站，请朋友帮他画一个企业商标，然后他再去那些聚会场合递交新名片，新名片上写着："塞林格集团（Salinger Group）董事长，克里斯·萨卡"。突然间，他遇到的人都有兴趣跟他进一步谈一谈了。

他通过这些关系，终于在网络基础架构公司找到了高阶管理者的职位，从此以后，红运亨通。

你没有必要以圈外人的身份接触团体，你原本就是很多圈子的圈内人，这些圈子就在你的左右，你只需要发挥一些创意罢了，如参加校友会。当然，高中和大学的校友会的确是不错的机会来源，但是你以前工作过的地方，也有老同事组成的团体。

我参加几个硅谷著名的企业老友会，这些团体让我接触到几个突破的机会。eBay 收购 PayPal 以后，PayPal 管理团队的成员各自转做新的项目，但彼此仍然保持联系，投资彼此的公司，招募彼此加入，共享办公空间。我们不收会费，没有秘密的握手暗号，也没有每月的聚会，就只是非正式的合作。但这些关系促成了一些硅谷最成功的项目，所以，这个团体后来有了"PayPal 帮"的称号（见图 3）。

"PayPal 帮"充满投资机会

为什么"PayPal 帮"这个人脉圈有这么多机会？

第一，每一个成员都非常优秀，这是基本的条件。一个团体的优异程度，视成员而定，人脉圈的优异程度，视每个节点而定。要衡量一个团体，就要衡量组成的个体。

第二，这个团体有共同点：每个人都在 PayPal 待过。当初吸引他们加入 PayPal 的兴趣和价值观，也是他们的共通点。共同经验可促进彼此间的信任，进而让大家分享信息和机会。在每个充满机会的人脉圈里，成员都有共同点。会议的参与者都对会议的主题感兴趣，教会的会众都有共同的信仰，富兰克林的"浑托会"成员都充满了求知欲。

第三，地域的密集度。当信息和点子迅速在所有感兴趣的人之间来回传递时，最有可能促成合作，大家最好都住在同一区。这也是富兰克林分别在费城的小屋子及伦敦的咖啡馆里聚集一小群朋友的原因；"扶轮社"最初限制团员的上限是 12 人；我和卡斯诺查最初相识是在小镇某度假区举行的会议上。

第四，分享与合作的风气盛行。一个人脉圈要想有价值，每个成员都必须积极传递信息和想法。加州大学伯克利分校信息系的安娜丽·萨克瑟尼安（AnnaLee Saxenian）在她的书里解释 1980 年加州的半导体业者如何超越波士顿的业者，她写到西岸的创业家比较愿意为了集体的进步，而和别人分享他们的发现，甚至是和竞争对手分享。在"PayPal帮"里，也有类似的动态，我们会保持联系、互相合作，即使彼此之间是竞争关系，像是旗下的创投公司有时候会竞争同一个项目。

我职业生涯中遇到过的最大机会，就是 2003 年创立领英。那时，eBay 刚收购 PayPal 5 个月，我找了一个 6 人团队，在一个办公室里全职投入那份工作。我之所以能迅速让领英走上轨道，是因为我有一群朋友当共同创办人、早期员工及投资人。

我找了两位以前在 Socialnet 的老同事、一位大学的同班同学、一位富士通的老同事和我一起创立公司。来自"PayPal 帮"的蒂尔和基思·拉布瓦（Keith Rabois）和其他几位朋友也投资这项事业，一

图 3：PayPal 帮成员

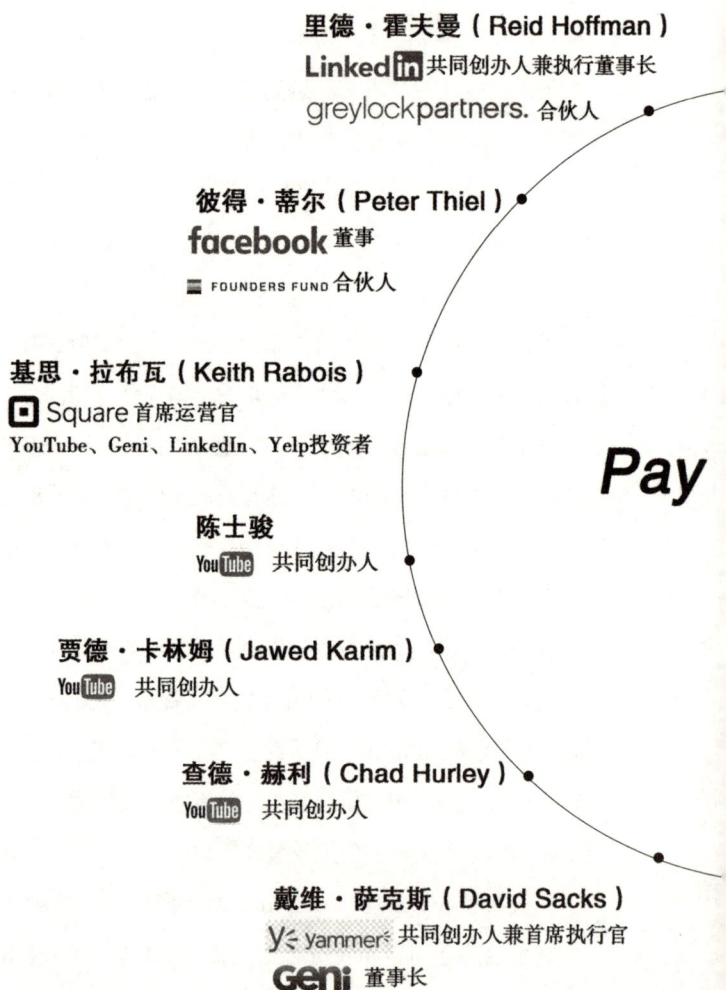

里德·霍夫曼（Reid Hoffman）

Linked in 共同创办人兼执行董事长

greylockpartners. 合伙人

彼得·蒂尔（Peter Thiel）

facebook 董事

FOUNDERS FUND 合伙人

基思·拉布瓦（Keith Rabois）

Square 首席运营官

YouTube、Geni、LinkedIn、Yelp投资者

陈士骏

You Tube 共同创办人

贾德·卡林姆（Jawed Karim）

You Tube 共同创办人

查德·赫利（Chad Hurley）

You Tube 共同创办人

戴维·萨克斯（David Sacks）

yammer 共同创办人兼首席执行官

Geni 董事长

Pay

戴夫·麦克卢尔（Dave McClure）

500 STARTUPS 创办合伙人 **KIVA** 顾问

鲁洛夫·博塔（Roelof Botha）

SEQUOIA CAPITAL 执行合伙人
THE ENTREPRENEURS BEHIND THE ENTREPRENEURS

杰里米·斯托普尔曼（Jeremy Stoppelman）

yelp 共同创办人兼首席执行官

拉塞尔·西蒙斯（Russel Simmons）

yelp 共同创办人

普立默·夏尔（Premal Shah）

KIVA 总裁

埃隆·马斯克（Elon Musk）

SPACEX 创办人兼首席执行官

TESLA 共同创办人兼首席执行官

马克斯·拉夫琴（Max Levchin）

slide 创办人

Pal

位 PayPal 前同事甚至为领英提供第一间办公室。对一个以"关系至关重要"为标语的企业来说，这种创立过程，再贴切不过了。

我们再回顾一下"PayPal 帮"的一些特质：优质人才、有共同点、分享与合作的精神、集中在一个区域和产业里，这些特质促使大量机会流通。任何人脉圈和协会如果有同样的特质，都值得你参与。

最后，唯一一种比加入团体更好的做法，就是自创团体。你可以自创帮派，自创拥有"PayPal 帮"特质的团体、聚会或协会。我每年都会和朋友一起主办一个活动，名叫"以后再命名的周末"，这是受到富兰克林聚会的启发，邀集一群有抱负的朋友来进行头脑风暴，思考改变世界的方法。2006 年起，卡斯诺查也依照富兰克林的模式，和朋友一起创立类似浑托会的团体，找了二十几位主要来自科技业的朋友定期聚会，一边用餐，一边谈论本行业。

这些聚会都有特定的话题重点，但气氛随性，就像富兰克林的聚会一样。悠闲的气氛可以让大家更坦率，更放胆思考，最后促成更好、更有趣的点子。这种聚会也不见得要定期举办，你可以偶尔约前公司的十几位老同事，周六一起吃个午餐。而且别忘了，当你是团体的创立者及中心人物时，那你就像坐在篮球赛场边的贵宾席一样，不会错过任何重要动态。

史蒂文·约翰逊指出："机会偏好愿意经营人脉的人。"学习富兰克林、普里斯特利、摩根尽量和许多人脉圈保持联系，你会更容易发现与把握能扭转局势、大展宏图的机会。

▍积极奋起的精神

无论你处于职业生涯的哪个阶段，有些时候，你总会觉得有志难伸。当你觉得自己毫无成就，欠缺资金或盟友，或两者都缺，没人邀你参加任何活动时，你就需要用到本章最能产生创业机会的策略，那就是积极奋起。

本书提到的许多人物其实都很努力地寻找工作机会，例如米利青想在芝加哥顶级的鹦鹉餐厅工作，便连续两三周，每隔三四天就写一封信给老板，直到老板雇佣她（时薪 3.25 美元）。她的工作按照规定是早上 8 点开始，但她每天早上五点半就抵达餐厅了。这种精神就是我们所说的"积极奋起"，你能把这一点做好，就是一种竞争优势。创业家永远都在限制下运作，他们是积极奋起的高手，也是积极奋起的最佳范例。

机灵应变

2008 年 1 月，民宿网站爱彼迎（Airbnb）的创办人乔·杰比亚（Joe Gebbia）、布莱恩·切斯基（Brian Chesky）与内森·布尔克兹克（Nathan Blecharczyk）遇到了一个难题：他们破产了。他们之所以创立"云端民宿"，是觉得任何人只要有气垫床、额外的沙发或床铺，就可以暂时出租那个空间来获利。

这个点子并不赖，例如 2008 年，美国民主党全国代表大会在科罗拉多州的丹佛市举行时，奥巴马在拥有 8 万个座位的橄榄球场中演讲，丹佛市 27000 个旅馆房间迅速被预订一空，数千位民主党的支持者争先恐后地寻找住宿地点。丹佛市民可利用 Airbnb.com 出租家里的沙发或床铺给访客，以满足超量的需求。可惜网站只有偶尔碰到大型活动或会议时，才流量大增，平日使用量不足以带来利润。为了应对收支落差，创办人刷爆了 4 张信用卡，也耗尽了所有积蓄。

但他们仍相信那点子是可行的，希望能争取更多时间扩大业务，于是，他们开始卖起了麦片。趁着总统大选的热潮，创办人利用他们罗得岛设计学院（Rhode Island School of Design）的背景，开发出特制的麦片盒，打出"奥巴马奥氏牌"麦片盒，口号是"改变的早餐"，以及"麦肯上校牌"麦片盒，口号是"口口独特"。他们在厨房里折麦片盒，装进麦片，每盒在网上卖 40 美元。切斯基还记得母亲那时问他："你现在是在开麦片公司吗？"不是，他们只是需要现金。CNN 做了一项报道，探讨选战期间流行的食物，不久，他们就卖光了奥巴马的奥氏牌麦片，净赚 2 万美元。

银行里的额外现金，让他们有更多时间思考如何增加客源及维持足够顾客，以转亏为盈。他们的机灵应变，也让一些投资人印象深刻，所以，他们又募到一些外部资金，包括由我领导的 Greylock Partners（美国一家金融投资公司）也加入的首轮投资。后来，有数万名游客开心地借宿在民宿主人的床铺或气垫床上。

机灵应变的本质很难一语道尽，但通常都可以一眼看出。当亚马逊的首席执行官贝佐斯想找老婆时，他告诉有意帮他牵线的朋友，他想找一个机灵的女子，但他们都听不懂那是什么意思，于是，他告诉他们："我想找一位能帮我从第三世界越狱的女人！"这下他们就懂了。爱彼迎的创办人在必要时，可能也有办法从第三世界越狱而出。

别人愈不看好，愈努力不懈

蒂姆·韦斯特格伦（Tim Westergren）可能是硅谷最不容易被击垮的人。他听到格芬唱片公司（Geffen Music）以付费歌迷不够多为由，拒绝再帮艾美·曼恩（Aimee Mann）出唱片，而在1999年创立潘多拉（Pandora）网络电台。韦斯特格伦相信，如果在网络的播放歌单中，能把曼恩和非常类似但比较热门的歌手归在同类，那么她的歌迷也会增加。

他建立"音乐基因计划"（Music Genome Project），由专家根据200—400个维度，一次分析一首歌，然后根据用户喜欢的歌曲和歌手，推荐用户新歌和其他歌手。例如，曼恩的热门单曲《拯救我》（"Save Me"）有"隐约的弦乐"和"混合大调和小调的调性"，所以，在潘多拉网络平台上和萨拉·麦克拉克伦（Sarah McLachlan）的《坠落》（"Fallen"）配在一起，因为两首歌的编曲类似。

怀疑潘多拉能否成功的人非常多。你要找专家聆听上万首歌，然后逐一判断数百种特质？你想和唱片业协商在网络上串流播放有版权保护的音乐？你想在网络泡沫破灭后从事网络事业？整整9年，这些怀疑者说得一点也没错。韦斯特格伦是在第一次网络狂潮中创立潘多拉，那时，他顺利取得投资人的资金投注。但是网络泡沫破裂后，在网络音乐界诡谲多变及经济不景气的境况下，他无法再筹集到额外的资金，以维持公司运营。

他开始每隔两周就和50位左右的员工开会，请他们继续在不发薪水的情况下，工作两周。2002年年底，他抵达办公室时，发现门上贴了驱赶通知。2003年年底，4位前员工控告他拖欠薪资。2004年3月，在向创投业者宣传超过300遍后，他终于说服沃尔登创投公司（Walden Venture Capital）进行900万美元的投资。

2005年，公司还是没有获利，他改变商业模式，改成了依赖广告收入而非依赖会员收费的获利模式，此举有助于事业再发展一段时间。2007年3月，联邦著作权版税委员会提高网络电台必须付给唱片业的权利金，此举可能使潘多拉的营运成本大增1000%。韦斯特格伦说："我们的事业在一夜间垮了。我们考虑就此收手，结束一切。"不过，这个打不垮的团队联合其他网络电台，到华盛顿展开大规模的游说行动，以延长他们和唱片公司协商的时间。潘多拉的用户狂寄电子邮件、狂打电话到国会抗议成本提高，据他估计总共有数以百万计的电子邮件和电话。

2009年，在潘多拉老早就被归为硅谷新创企业的"死水"以后，艺人与唱片公司和潘多拉之类的网络电台，谈拢了一份重要的营收分享协议，解决了权利金的争议。不久之后，Greylock Partners的戴维·史（David Sze）在公司内发起一项投资案，加入投资潘多拉。2010年年底，潘多拉的音乐库里共有70万首以上的歌曲，营收逾1亿美元，2011年，公开上市。

在近10年的岁月中，潘多拉一再受到法律诉讼和不利法案的打击，时时面临破产的威胁，韦斯特格伦和他的团队为了寻找契机，改变大家发现与聆听音乐的方式，以惊人的毅力持续撑下去。挫折复原力和坚韧不拔的毅力，让他们愈挫愈勇，持续待在行业内，这两项特质对你的职业生涯也有同样的效果。

爱彼迎和潘多拉团队都曾陷入资源非常缺乏的状态，欠缺资金、窍门和人脉，也缺员工、顾问和合伙人。但是这些明显的负面限制，是不是反而提升了他们创造绝佳机会的能力？有可能。当你缺乏资源时，就自己去创造吧。

当你除了奋战下去别无选择的时候，你会更加努力奋斗。当你只能自己创造时，你就会把东西创造出来。Flickr 的共同创办人菲克表示："你拥有的资金、人力、资源愈少，你就必须愈有创意。"你必须机灵应变，不然就是等死，所以，新创企业通常比大企业更善于做突破性创新。

微软如果一年不努力，那么银行账上还是有数十亿美元，但新创企业不积极奋起，就完蛋了。如果你想知道自己机灵应变的程度，那你可以缩减预算，把截止日期提前，看你如何应对，这可以让你在碰到无可避免的困境时，更不屈不挠。

▍为自己创造机会

卖麦片以供应网络民宿事业？用数量上百万的电子邮件和电话灌爆国会，以推翻可能让公司破产的法案？你可以说这叫机灵应变、愈挫愈勇、放胆去做或积极奋起，无论你怎么称呼，这都是创业家在困境中为自己创造机会的方法。"积极奋起"不是教科书上能学到的东西，却是可以激发出来的特质。就像本书提到的多数创业技巧一样，你愈是积极奋起，久而久之，它就会变成一种习惯。

埃里克·巴克（Eric Barker）就是在职业生涯中积极奋起的典型

范例，他从来没有创立过公司，没有在硅谷住过。他在好莱坞当编剧
10 年后，决定重返校园，攻读工商管理硕士学位。他在好莱坞发展得
相当成功，曾在迪士尼之类的顶尖制片厂待过，但他想培养管理技巧。
所以，在 2007 年秋季，他进入波士顿大学的商学院就读，修了完整的
课程，暑假也到任天堂实习。来年秋季，他开始找管理方面的工作。

　　但是非常不巧，他碰上了全球经济崩盘。他的确有令人刮目相看
的履历，也有名校的学历，但潜在的雇主似乎都看不上眼，他们都说
他们想找有金融背景的人。5 个月后，在找不到任何工作的情况下，他
上 Facebook 刊登广告，锁定在 5 家公司上班的用户：微软、苹果、
Netflix、YouTube、IDEO 设计创新顾问公司。那广告上有他的照
片，照片的说明写着："嘿，我叫巴克。我的梦想是到微软工作，我有
MBA/MFA 的学位，还有扎实的媒体经验。你能帮我吗？请点进来！"

　　他自己也不相信会有人点进去，所以，你可以想象几周内，他看到信
箱塞满陌生人寄来的鼓励时有多惊讶。更重要的是，那些陌生人也告诉他
在微软工作的朋友的名字。不久，巴克的故事传遍了博客圈。更了不起的
是，巴克干脆借力使力，努力吸引媒体来关注他。他寄出超过 100 封电
子邮件给不同的媒体和博客主，告诉他们他"在社交媒体上打求职广告"
的故事。不久，从《波士顿环球报》（*The Boston Globe*）到《巴尔的摩
太阳报》（*The Baltimore Sun*），全美各地的媒体都报道了他的求职故事。

　　他的广告有超过 5 万次浏览，超过 500 人次点赞，吸引了 20 封来
自人才招募者的电子邮件。那些招募者提议帮他把履历表传到领英上，
给有兴趣多了解他的人看。

他的确受到了很多关注，但还是找不到工作。2009 年 6 月，大概是刊登广告的 6 周后，局势突然出现了逆转，巴克收到他苦苦等候的微软招募信。不过，他后来并没有到微软上班，他通过商学院教授的介绍，在影片设计公司找到了工作。这整个经验让他得到了重要的启示，他以过去的经历打了一个比方："人力资源部就像电影《斯巴达 300 勇士》里的士兵，他们按兵不动，没有权力说'好'，但有强大的力量说'不'。他们的职责是阻止你向前，你应该想办法跨过他们，让人介绍给你可以说'好'的人，我就是这样做，想尽办法挤进去。"

▎把握时机，勇于尝试

突破的机会来来去去，不立即把握，它便稍纵即逝。2003 年，eBay 并购 PayPal 后，我计划休息一年到各地旅行，让自己清醒一下，同时，规划未来。我先去澳大利亚度假两周，在那里，我好好地思考当下，我决定回到硅谷，尽快创立一家消费性的网络公司。

这种契机稍纵即逝，因为市场已经成熟，消费性网站还可以做很多创新，但很多创业家和投资人因上次网络泡沫破灭而伤痕累累，依旧持观望的态度，但他们不会老是观望下去。此外，经过 PayPal 成功经验的洗礼，我的人脉还不错，可以迅速汇集资源，创立新公司。

这里，我想强调的是，千载难逢的机会几乎很少能刚好和你的时间表吻合。你考虑离职时，刚好出现绝佳的工作机会那当然很好。那场难得的会议刚好是在你老板休假时举行，那当然也很好。但时机通常都没那么凑巧，机会出现时，你往往刚好卡在别的计划中，如正要展开环游世界的旅行等。

除时间不凑巧以外，你创造或发现的机会，可能看起来还很模糊，充满不确定性。通常你无法清楚地看出它确实比其他机会还好。你可能会想"再看看其他选择"，持续反复思考，而不是致力投入你找到或创造出来的突破机会。但这样，你就错了，"再看看其他选择"通常比致力投入行动计划的风险还大。

许多失败总归来说，是犹豫不决造成的。我父亲曾告诉我，做决定减少了短期机会，但增加了长期机会。想在职业生涯中迈进，尽管你对特定机会仍有疑虑，时机上也不太方便，但你还是必须致力投入，把它当成反复试验的一部分。现在不投入，更待何时？

行动计划

明天：

◎ 腾出时间追寻机遇巧合。有意识地不要排满下周的行程，腾出一天读一本你原本可能不会挑到的书，或是找其他部门的某位同事共进午餐，或参加不同但与自己从事的领域相关的演讲或研讨会。

◎ 请最有好奇心的朋友吃饭，努力被他们的好奇心感染。

下周：

◎ 在未来 6 个月内，找一个行业活动或研讨会参加，为那个活动订好入场券及车票。

◎ 腾出一整天作为"肯定日"，对任何问题都"肯定"（yes）回复，然后注意如此行动衍生的机遇。

◎ 机会紧贴在人的身上，找出你的人脉圈中似乎总是有机会接触有趣事物的人。了解让他们那么容易接触到机会的原因，并下定决心多认识具有这些特质的人。

▍下个月：

◎ 自创社团或聚会，也许是定期聚餐或一次性聚会。重要的是，聚集朋友分享点子和资源。设立简单的维基数据库（wiki）或使用领英的团体或活动功能来组织与分享。

◎ 订阅《连线》（*Wired*）、《麻省理工学院科技评论》（*MIT Technology Review*）等杂志刊物，这些刊物通常会报道未来趋势。找出朋友中的早期科技采用者。目的是什么？了解科技、经济或社会趋势如何创造新机会。

▍强化人脉：

和盟友开诚布公地讨论如何一起寻找、创造并利用绝佳机会。告诉盟友，如果你遇到千载难逢的好机会，你会努力拉他们一起参与。

THE START-UP OF

YOU

6

风险

明智地承担风险

风险向来给人不好的印象，让人联想到投资股市亏损，或骑车不戴安全帽之类的事。但风险并非敌人，人生始终都有风险。事实上，积极明智地承担风险，是把握突破机会的先决条件。

如果把握突破机会只需要善用人脉、努力争取机遇、机灵应变，那么会有更多人乐在其中。然而，做那些事情虽然通常是必要的，却根本不够。好的机会一定会有人竞争，所以，如果你能理性地承担风险，那么你就会发现别人错过的机会。别人觉得该回避的地方，你反而可以试试看。

职业生涯中的"风险"，是指由某个行动或决定而衍生的负面后果，以及后果发生的可能性。风险超过一定程度时，才会发生危险，例如搭乘大型航空公司的客机没多大风险，因为坠机的情境虽然痛苦，但坠机的可能性微乎其微，而迅速抵达的效益相当大。搭乘飞机虽有风险，但风险很低，所以，商务客机并不危险。

有些创业家是不理性的冒险者，像牛仔一样愿意把筹码全押在某个疯狂的梦想上。卓越的创业家之所以与众不同，并不是因为他们对风险的高容忍度，而是因为他们有审慎评估风险与管理风险的能力。他们有技巧地追求有足够正面效益的机会，以应对可能的负面风险，这是创业家成功的关键技巧之一。

每个机会和职业生涯的改变，都有它对应的风险。当乔治·克鲁尼积极试镜，向《急诊室的故事》毛遂自荐时，也是在冒险，因为那部戏可能雷声大、雨点小，草草收场；向老板报告你和同事之间的问题，可能会惹毛老板；要求加薪，可能让人觉得你贪得无厌；下班兼职，可能会影响正职的绩效表现。"如果你对策略选择所牵涉的风险不是很在意，那就不算什么策略。"Netflix 的哈斯廷斯这样说。这句话套用在职业生涯上也一样适用，如果你不需要认真思考工作牵涉到的风险，那它可能不是你要找的突破机会。

由于风险始终都在，所以，每个职业的 A 计划都应该伴随着 B 计划和 Z 计划。当然，不只是与职业相关的活动有风险，做任何事情都有风险，包括我们日常做的事情，例如，到公园慢跑或活在有核武器和地震的世界里。即使毫无作为，也有风险，生病不看医生，就是一种无作为的冒险。在瞬息万变的世界里，需要不断地调适，如果毫无作为，就会面临危险，就像第一章提到的美国汽车业。

所以，我们都是冒险者，但是冒险的理性程度各不相同。很多人以为将所有风险降至最低，就会有稳定的职业生涯，但讽刺的是，在瞬息万变的世界里，那反而是最危险的做法。有些人觉得"承认有走下坡路的可能"是一种怯懦的表现，"只准成功，不许失败！"或许是一句很棒的电影台词，但不适合用来规划策略。你不该回避风险，而是要明智地承担风险，这样才能获得竞争优势。

▌评估与管理风险

学习精确评估某个情境的风险高低并不容易，原因有几个。第一，风险承受程度和个人及情境都有关。你觉得有风险，而别人可能觉得没什么风险。有人觉得没有先找好工作就辞职，是无法接受的风险，而有人觉得那没什么。有些人为了创立公司，而放弃好几个月的收入，有些人无法接受没有稳定薪水和福利的状态。

再者，风险是动态的。你在改变，竞争者在改变，世界也在改变。现在对你来说有风险的事情，1个月、1年或5年后，可能就没什么风险了。如果你积极游说老板让你担任项目的主导者，那你惹毛同事的风险是什么？那要视随时在变的隐含因素而定。例如，如果你刚升官加薪，那和你刚到职的状况就不同了。没什么事情是绝对有风险或没有风险的，只是程度高低的问题，因情境和个性不同，而有很大的差异。

评估风险一向很难，却也不是不可能做到。创业家天天都在评估风险，但他们不会使用华尔街那些花哨的风险分析模型，你也不应该使用那些模型。没有什么数学公式能涵盖新创企业的各种可能结果，更别说是你职业生涯的动态了。每种机会的优劣都无法量化，而且你还有时间限制和信息限制。此外，你的直觉也充满了认知偏差，可能会阻碍你的理性评估。所以，牢记下列几项原则，可以帮你衡量机会的风险大小，并管理确实存在的风险。

情况可能没有你想的那么危险

多数人会高估风险，人先天就会趋利避害。我们之所以会这样演化，是因为对我们的祖先来说，忽略掠食者的征兆（威胁），比忽略食物的征兆（机会）代价更大。神经心理学家里克·汉森（Rick Hanson）指出："我们的祖先为了生存，让大脑自然演化成容易犯下三种错误：高估威胁、低估机会，以及低估用来处理威胁与把握机会的资源。"所以，人类先天对任何情境都容易高估风险。

处罚比奖励更容易引起我们的注意，心理学家称这种现象为"负面偏向"（negativity bias），日常生活中常出现这种现象。有人严肃警告你避免和某个人共事，那警告在你心中留下的印象，会比有人热情推荐你和某个人共事还要深刻。担心老板对一项创新提案的反应，会盖过你对老板赞赏你工作成果的期待。

高估威胁、避免损失，可能是让我们顺利传承基因的好策略，却不是充分活出精彩人生的好方法。想要过上充实的人生，就必须克服这种负面偏向。第一步就是提醒自己，某些情境的负面风险，可能没有表面上那么糟。

你能容忍最糟的情况吗?

关于风险的研究有很多，但很少有研究分析企业人士如何在现实世界中做决策。少数的例外是 1991 年祖尔·沙皮拉（Zur Shapira）教授的研究，他请了 700 位美国和以色列的高级经理人描述他们在不同情境下对风险的看法。他的发现可能会让发明种类繁多的决策树的人大失所望。这些受访的高级管理者不会去计算各种情境的期望值，也不会列出一长串的优缺点，多数人只问一个简单的是非题——能不能接受最糟情况的结果？

面对可能的机会时，你第一个想问的是：万一最糟的情况出现了，我还能撑下去吗？如果最糟的情况会严重破坏你的声誉，让你倾家荡产，或让你的职业生涯就此完蛋，那就不要去冒险；如果最糟的情况是遭到解雇，赔上一些时间或金钱，或感到难过，但只要有扎实可靠的 Z 计划当后盾，你仍有机会东山再起，那你就应该勇于去冒险。

可以改变决定吗？

管理顾问公司经常花钱送分析师去商学院深造，条件是毕业后必须回公司服务至少两年。接受这项协议的分析师等于押了 4 年的时间：两年就学，毕业后再服务两年。万一你发现情况不太对劲，或出现了其他千载难逢的机会，预先押下 4 年的人生，比选择能够应变成 B 计划的职业还要危险。所以，在评估风险时，如果你发现自己错了，你能轻易推翻先前的决定吗？你能迅速改为采用 B 计划或 Z 计划吗？如果答案是否定的，那么这个机会就比较危险，在答应时，应该更加谨慎。

迈克尔·戴尔（Michael Dell）从得州大学辍学，创立戴尔计算机（Dell Computer）时，这家新创企业还不稳定，所以，他采取避险策略。他没有退学，而是申请休学，万一公司垮了，他还可以复学。戴尔审慎地承担风险，保留了反悔时采用 B 计划的选项。

别把不确定和风险混为一谈

工作机会和风险一定会有不确定性，不确定是风险的一个要素。愈是引人注目和复杂的机会，通常不确定性就愈高，你不可能完全知道所有可能的优缺点。你不应该在毫无信息的情况下，盲目地转换职业，也不应该等到获得全部的信息后才行动，否则，你将会永远等下去。不确定性令人不安，但是不确定不见得就是危险的。

没有规划旅程就直接飞往夏威夷度假，只是让旅程多了许多不确定性，这不会特别危险。毕竟在夏威夷玩得不愉快的概率能有多高？桑德伯格从华盛顿转到硅谷发展时，面临着很多不确定性，如加州是养儿育女的好地方吗？万一谷歌垮了，她的名声会受到什么影响？如果她把踏入新产业的所有未知数都当成风险来看，那她就不会加入谷歌，也会因此错过突破的机会。当结果不确定时，许多人会干脆完全回避。但是最大和最好的机会，通常也有最多的问号，不要让不确定性诱使你高估了风险。

考虑年龄和阶段

年龄和职业生涯的阶段，会影响你风险承受能力的高低。如果你在二三十岁时犯错，那么你有很多时间可以恢复财力和声誉，也有家人做你的后盾，也没有孩子或房贷的压力。就像理财顾问建议年轻人投资股票而非债券一样，年轻时，应该积极承担职业生涯的风险。这是很多年轻人创业、周游世界、做一些"高风险"职业选择的原因，因为负面风险比较低。

如果某件值得做的事情 5 年后的风险比现在高，那么现在就更应该积极投入。随着年龄的增长和资产的累积，你的风险容忍度也会改变。

▎追求别人误认为是风险的机会

有时候别人认为危险的事情，对你来说却毫无风险，因为你的特质和环境不同，会得出不同的分析结果。风险因人而异，但有时候和你相似的人，如有相似资产、抱负，或面对相似的市场实际状况，可能会把事情想得比实际情况还要复杂，因此，这给了你一个良机，让你去追求同侪回避的机会。

巴菲特有句名言："在别人贪婪时恐惧，在别人恐惧时贪婪。"这是他的竞争优势。2008 年金融危机期间，当多数美国人恐慌抛售股票时，巴菲特便宜买进了股票。当你相信别人不相信的东西时，你就有可能正在股市里赚钱。你之所以买进股票，是因为你相信它未来的股价会比今天的股价还要高。卖股票的人则认为，未来股价会比今天的股价还要低。公开市场的投资，就像很多事情一样，当你和众人的看法相反但正确时，就能大获成功。

承担与众人看法不同却正确的风险，不是指你直接挑选风险高、报酬高的机会，而是挑风险比同侪想的低但报酬仍高的机会。

这类职场机会和情境的常见例子包括：

◎ 薪水少，但学习机会多的工作。大家通常把焦点放在可轻易量化的硬性资产上，例如实际的薪资多寡等。薪水少，但学习机会多的工作，常被贬为高风险的工作。

◎ 比正职"不稳定"的兼职或临时工作。一点点波动没有大家想的那么危险，我们会在下一个单元看到那其实是好事。很多人觉得兼职与临时工作不如正职，但实际上，那是培养技巧和人脉关系的绝佳方法，可以帮你转变成多样的 B 计划。

◎ 雇佣经验不多，但学习迅速，又比较便宜的人才。这是风险中等，但潜在报酬高的做法。学习快的人可弥补经验上的不足，而市场通常低估了他们的实力。

◎ 众所周知有风险的机会。由于人类先天就有负面偏向，我们听到一件事情的负面风险愈多时，就愈容易高估风险发生的可能性。这也是看到新闻大肆报道坠机事件后，大家比较害怕搭机的原因。如果媒体或同行经常谈某个工作或职业的风险，它可能没有多数人想的那么危险。

你可以在你很了解但同侪对风险评估有误的领域中，找到风险回报比对你有利的机会。例如，创业新手有时在不景气期间会恐慌，放弃新创企业的点子，因为他们觉得筹资变难了，要让顾客花钱也变难了，不景气时，到公司上班比较稳当。但经验丰富的创业家知道，在不景气时创业的风险，其实比大家所想的还要低，因为其他人都被风险吓跑了。当你在不景气时创业，来跟你抢顶尖人才、顾客荷包及媒体版面等的人便比较少。很多了不起的公司都是在不景气的谷底创立的，例如微软和联邦快递。

许多创业者认为不景气时风险高，其实那样反而降低了不景气时的风险。

在哪种情况下，你会有更好的信息和立场可以评估风险？

▍承担短期风险可以增加长期稳定

一般人普遍认为，某些职业的风险较高。2003 年，在一篇名为《风险与职业选择》（*Risk and Career Choice*）的论文中，两位经济学家根据收入来源的稳定性及平均失业水平，估算出了不同行业的工作风险。

他们把收入波动，列为"冲击"，包括失业。根据他们的说法，风险高、容易受到冲击的行业有商业、娱乐业、销售业；风险低、不易受冲击的行业则有教育、医疗、工程产业等。另一种表达方式是，风险高的职业波动较大，风险低的职业比较稳定。这些研究结果呼应了传统的看法：规避风险的人可以当老师、医生、律师或银行业务员，冒险的人可以自己创业，或去百老汇试镜，但这样的假设对吗？

长期低波动反而更脆弱

纳西姆·塔勒布（Nassim Taleb）在《黑天鹅》（*The Black Swan*）里表示，意外、罕见、冲击很大的事件，如"9·11"恐怖攻击、1987年的股市崩盘、2004 年印度洋的海啸等，都算是"黑天鹅"事件。这些事情都无法事先预料，发生的概率微乎其微，发生后都造成了很大的冲击。我的朋友乔舒亚·库珀·雷默（Joshua Cooper Ramo）在其精彩的著作《不可思议的年代》（*The Age of the Unthinkable*）里表示，我们应该预期这辈子会看到更多的"黑天鹅"。雷默认为，世界上意想不到的破坏事件正逐渐增加，部分原因在于全球紧密相连，某处稍有波动，全球各地都会受到波及。亚洲或欧洲经济不好时，美国经济也跟着变弱。中东发生政治动荡时，油价飙涨。脆弱是我们为这个高度相连的世界所付出的代价，所有缓冲的余地，已从优化的世界里被排除。

　　未来的经济、政治会出现许多意外的冲击。就这方面来看，明日的世界会更像今日的硅谷：瞬息万变，混沌无序。那就表示你应该投入医疗或教育等波动小的行业，以回避那些冲击吗？

　　不见得。明智管理风险的方法，就是追求那些原本就有波动性的机会，机灵适应那些冲击。塔勒布进一步阐述了那些研究冲击复原力的生态学家所推广的论点：环境的波动愈小，当"黑天鹅"事件来临时，受到的破坏愈大。无波动的环境只会显现出稳定的假象："看起来动荡不大的独裁政权，如叙利亚或沙特阿拉伯，面临的混乱风险比意大利还大。意大利从二次大战以来，就一直处在政治动荡之中。"雷默说明原因：意大利容易从危险的混乱中恢复，因为他们吸纳屡次冲击的经验，就像"森林里受到控制的小火一样，砍除足够的灌木丛，就可以避免火势扩大"。这些小火强化了政治体系因应突发危机的能力。叙利亚、朝鲜或缅甸没有小火，但只要一起火，很快就会蔓延成毁灭性的大灾难。

　　短期而言，低波动意味着稳定，但长期而言，低波动反而意味着更加脆弱，因为系统无法因应意想不到的外部冲击。这些原因促使经济学家拉古拉迈·拉詹（Raghuram Rajan）在2005年告诉美联储："或许美联储主席格林斯潘在任内，只让经济发生两次些微的衰退正是错误所在。"经济体系缺乏足够的压力测试时，难以因应大难来袭。

这种短期高风险，可降低长期风险的矛盾现象，也适用于职业生涯。过去，一说到"稳定的雇主"，我们会想到IBM、惠普、通用汽车，这些都是创立许久的扎实企业，雇佣上万名员工。他们都一度施行终身雇佣制，无论是在实质上，还是明文写出来。想象市场的现实状况迫使公司裁撤数千名员工时的情况；想象那些原本以为自己可以一辈子待在惠普的人，他的技巧、经验、人脉都和雇主密不可分，但是突然间，"轰！"他失业了。

如今的雇主不提供终身就业，劳资双方的约定彻底瓦解，一如本书一开始所述。有些产业仍提供一些稳定的假象：比较难解雇员工，薪水波动不大，工作职责稳定。大家通常觉得这些职业的风险较低，例如公职、教育、工程、医疗产业的工作等。

比较在州政府上班的公务员和独立的房地产经纪人，房地产经纪人不知道下一笔收入何时进账，他随时处于动荡中，需要积极累积人脉，跟上市场的变化。他的收入起起伏伏，偶尔做一笔大生意维持生计，如出售价值数百万美元的房子。相反，公职人员有稳定的收入，每隔几年，就自动升迁，总是吃得很好……直到公务员退休金破产，或政府缩编，完全裁撤了他的部门。这下他完了，他会饿死，因为他不像房地产经纪人那样，不知如何因应人生的低谷。

或者我们也可以比较知名杂志社的编辑和自由撰稿的写手。杂志编辑有稳定的收入来源、规律的工作，还有业内既有的人脉。自由写手每天必须积极找项目，有几个月的状况比较好，有几个月状况比较差。编辑总是衣食无缺，自由写手则偶尔过得青黄不接。等到印刷品产业终于倒了，杂志业崩垮，编辑遭到解雇，在平日疏于培养机灵应变的能力下，他可能会饿死，没有本钱转行。自由写手则是一辈子走跳惯了，可以继续生存。所以，在这个意想不到的年代，长期来说，哪种职业风险比较大？

培养从容接受冲击的能力

不经常有意识地冒险，那就等着在未来的某个时间点惨遭淘汰。预先对巨大风险有所准备，就像打流感疫苗一样，注射一点疫苗进入体内形成防护，万一大流感暴发时，就能安然度过。职业生涯中的经常性的波动，让你能更安然地面对意外，从而培养出"从容接受冲击的能力"。

有些职业自然而然就有经常性波动，如创业家或自由工作者，有些职业则需要自己引进冲击和干扰。积极运用上一章讨论的创造机会策略就能做到；毕竟机会和风险是一体两面的。一言以蔽之，就是多点"肯定"回应，多说点"yes"。

如果你整天都肯定地答复别人，那么会发生什么事？整整一周都这么做，那么又会出现什么情况？如果你答应去参加原本想躲开的研讨会，你可能在无意间听到某个评论，它会促使你灵机一动，想起某个新事业、新研究或新的人脉吗？或许会。你可能最后不了了之、碰上倒霉事或浪费时间吗？也有可能。但无论是哪种情况，最终结果都是好的，因为即使当下没有立即的效益，你也可能会因为机遇巧合或机灵应变而受惠。

假装能回避风险，反而可能因此错失了改变一生的机会，也会让你踏入脆弱的人生状态，未来更容易受到巨大的冲击。而且你永远无法精确地预知转折点或威胁职业生涯的事件何时发生。当你能机灵应变时，你就能大胆地接纳新机会，比较不会担心意外打击可能产生的后果。对人生的创业家来说，面对风险时，唯一的长期之道就是机灵应变。

切记：不主动追寻风险，风险就会找上你。

行动计划

▌明天：

◎ 简单思考生活中的风险，按照风险的高低（由高到低），排列你参与的项目，然后努力思考真正的负面风险和正面可能，确定你并未夸大整体的风险。有任何不确定的地方吗？你是不是高估了风险？

▌下周

◎ 找出你可以接受但其他人回避的风险，并勇于承担。你愿意接受薪水较低，但学习机会较多的工作吗？你愿意接受每月续约的临时工作，而非长期稳定的工作吗？去找有那种风险的事情，那会让你与众不同。

▌下个月

◎ 规划一个让生活中短期波动增加的计划。如何找到有较多波折、不确定性的项目或新工作？

◎ 重新检查 Z 计划，它仍然可行吗？万一 A 计划失败，你还能东山再起吗？咨询人脉圈里的前辈，思考如何因应突发的紧急状况。

▍强化人脉：

和盟友及其他信赖的人坦率地讨论他们能承担的风险，了解他们的风险评估，让你在需要时，可以实时提供协助。另外，切记，如果你对机会的风险评估和众人相反，那么其他人会裹足不前。你可以衡量人脉圈对那个机会的反应，从而测试你的想法和众人的差异程度。

THE START-UP OF

YOU

7

情报

从人脉中找到 GPS

　　十多年前，比尔·盖茨写道："让公司有别于竞争对手、让你与众不同的最佳方法，就是运用信息情报，做出卓越的事情。你收集、管理、运用信息情报的方式，决定了你的输赢。"这句话套用在今天，更是贴切，但是社会教我们的思考信息和知识的方式有着根本上的不足。

　　教育体系训练我们记忆教科书里的信息，以考试测验我们的记忆力。这种正式的学习理念是把知识当成固定资产，亦即学习之后，知识永远是你的。身为现代专业人士，你不能用这种方法获取知识，因为你需要的知识不是静态的，而是永远在变。你不能在大脑中硬塞入可能和职业生涯有关的所有信息，然后在考试时拿出来发挥。在职场上，天天都是考试，每天都有难以预测的新挑战和决策。死记一堆信息帮不了你，在需要时能够读取信息，这才是制胜之道。

▎运用人脉 GPS，因应专业挑战

创业家收集情报来因应经营企业的日常问题，这里的情报是指事业各方面的实时信息，包括产业趋势、机会、竞争对手的活动、顾客观感、有前途的年轻人才、销售趋势等。在事业中，情报就是 GPS。

你需要优质的情报来经营人生，前面几章应该让你想到下列问题：瞬息万变的市场，对我的技巧有多大的需求？我如何知道何时该转进新产业的利基点？最佳工作机会是什么，如何利用这些机会？这些问题都不容易回答，光是思考几分钟或填填表单并无法回答这些问题。你需要商业情报才能因应这些挑战。

你可以和人脉圈里的人交谈得到这些情报，这些人帮你了解你的资产、抱负和市场的实际状况，帮你审核与介绍可能认识的盟友和信任的人，帮你评估某项机会的风险。用"我、我们"的思维来做事是帮你收集信息，以因应专业挑战的方法。

你请教其他人获得的信息就是人脉情报。很多优质的信息都可以在书籍、报章杂志、搜索引擎上看到，但你的人脉通常是更好的重要情报来源，有时也是唯一的来源。书籍无法告诉你在某个市场上胜出需要什么技巧，杂志无法帮你评估为了一份工作而移居地球另一边有多少风险，搜索引擎无法介绍你加入可以提供突破机会的人脉圈，但你的人脉可以。

只要有朋友，你就有了一个充满情报的人脉圈。以前要取得情报需要花很多时间累积通信数据、写信联系、安排见面等。人脉和人际互动，向来和找工作有关，因为运用人脉实在太费时间，也太耗心力了，所以，你只有在碰到真正重要的事情时，如找工作时，才会动用人脉。

如今要取得人脉圈内流动的信息很简单，不需要付出很多代价。现在，人人紧密相连，参与人脉圈的成本很低，所以，从人脉圈获取情报，不只适用于职业上的大挑战，例如找份好工作，也适用在很多日常问题上。

前几章提到的人在职业生涯中都经常和人脉圈保持联系。桑德伯格在世界银行是为萨默斯工作。萨默斯接受《纽约客》（*The New Yorker*）的肯·奥莱塔（Ken Auletta）访问时提到，他曾让桑德伯格研究1917年俄罗斯纾困案的成效："多数学生的做法，是到图书馆翻阅一些谈俄罗斯历史的书，然后回来告诉我这个课题可能没办法研究，而桑德伯格的做法是联络理查德·派普斯（Richard Pipes）。"派普斯是哈佛大学的史学家，专门研究俄罗斯革命，"她找他谈了一个小时，并记了详细的笔记"。隔天她给萨默斯留下深刻的印象。

第一，你的人脉圈是不可或缺的情报来源，因为大家提供的私人观点和印象，永远不会出现在《华尔街日报》（*The Wall Street Journal*）那样的公开媒体上，甚至也不会出现在自家公司的刊物上，只有同事会透露出老板的个人偏好，只有在别家公司上班的朋友会告诉你那边有尚未宣布的职位空缺。

第二，人脉会根据实际情况提供个人化的建议。朋友和熟人知道你的兴趣，可以根据你的兴趣提供信息和建议。例如，如果你在评估某份薪水较少的工作有何优缺点，了解你的人可以判断你能否过上比较简约的生活。桑德伯格离开世界银行后，她不是上谷歌寻找下一步该怎么走，而是联络谷歌的首席执行官施密特，征询他的看法。

第三，人脉可以帮你筛选其他来源的信息，告诉你该读什么书，文章的哪个部分比较重要，哪些搜寻结果你应该忽略，哪些人可以信任，哪些人不可以信任。人脉帮你把注意力集中在可执行又相关的情报上。在信息泛滥的年代，这是相当实用的好处。

最后，在与别人谈话时，你会发现很多人想问题比你更透彻。切记"我、我们"的威力，个人的力量在人脉的协助下，可以加倍成长。部分原因在于，当信息在学识丰富的人之间来来回回传送时，信息会增强。两个或多个志同道合的人，肯定会胜过一个人单打独斗。

培养人脉素养

几个世纪以来，"识字力"指的是读写能力，能读书和写书的人，在社会上握有权力。后来，网络出现了，信息大幅增加。权力移转到有读写能力，而且能从网络的海量信息中找出最佳信息的人身上。作家约翰·巴特尔（John Battelle）称这种能力为"信息素养"（search literacy），这是输入最合适的搜索关键词、浏览大量的搜索结果，跟着链接找到最佳信息的能力。

如今，光有信息素养还不够，拥有人脉素养（network literacy）的优势更大，这是知道如何读取社交人脉圈内流动的信息，产生概念，从而受惠的能力。这里，我们就来探讨需要哪些技巧，才能以最有效率的方式接触人脉圈，增进人脉素养。

▎如何从人脉圈获得情报

2011 年，日本发生大地震和海啸时，夏威夷火奴鲁鲁的美国国家海洋和大气管理局（NOAA）海啸预警中心进入警备状态。他们的系统是由遍及太平洋、大西洋、墨西哥湾的 39 个深海观测站所组成的。当一个传感器判断某处的水位高于预测水位 15 秒以上时，系统便会开始密集传输信息到卫星，接着，这些信息会传给陆上训练有素的科学家，让他们判断是否真的发生了海啸。如果真的发生了海啸，强度有多大？是往哪个方向前进？科学家可以立即传警讯给可能受到影响的区域。

那可怕的三月天，国家海洋和大气管理局太平洋观测站的传感器传来信息，这些信息转传到夏威夷火奴鲁鲁的太平洋海啸预警中心的计算机，科学家分析信息，接着发出一连串的海啸消息与警讯。一如预期，地震发生的几小时后，海浪冲击火奴鲁鲁的威基基（Waikiki）海岸线，那里平时挤满了晒日光浴的游客。但警讯促使当地事先发出疏散令，大浪来袭时，所有的人都已安全撤离。

国家海洋和大气管理局的海啸预警系统之所以有效，是因为从数十个观测站接收信息。如果只有几个传感器漂浮在太平洋上，那么科学家便无法判断海啸的方向，也不知道海浪的力道和速度。有了来自多重水域、多个传感器的数据，科学家可以比较信息，综合得出多种结论，包括预测海啸在何时冲击海岸线。

你人脉圈的信息也是以类似的方式传播与收集，你的同事、盟友、熟人，个个都像传感器，可以传达不同的信息。他们在不同公司任职，有不同的兴趣，住在不同的城市里。就像单一传感器无法告诉你太多海啸走向的信息一样，一个人的看法、建议或情报，也不足以告诉你职业生涯该怎么走。但是，像夏威夷追踪海啸的分析师那样，结合与比较多方的信息以后，综合的视角可以衍生出丰富的情报。

2009 年 12 月，爱丽斯·王（化名）工作的出版社正在进行有史以来最大的组织调整，6 大部门缩编成 4 个，全公司有数十人遭到辞退。爱丽斯不在被辞退之列，但是她担心组织调整意味着更糟的情况还在后头，怕不久的将来可能找不到助理编辑的工作。她现在就该离开？还是应该闷着头努力工作，渡过难关？她也不知道。所以，她私下找同事谈，但是他们也像她一样受到最近消息的惊吓，都觉得前景堪忧，她并不确定要不要认真地思考他们的说法。

所以，她联络一位在唱片业高层工作的朋友，她知道那个产业面临的挑战很像出版业。朋友警告她，她刚经历的那种大型组织调整，通常象征着之后还有进一步的整合和裁员。毕竟除非公司改变商业模式，不然像裁员这种短期削减成本的做法，并不能解决根本问题。

接着，她打电话给在华尔街工作数十年的父亲，他目睹过许多并购和裁员的案例，很清楚那些迹象。父亲告诉她注意几种现象：高层关起门来讨论的频率增加，大型会议延期或改动，总公司的人来访等。不久，出版社里开始出现这些现象。爱丽斯的父亲很清楚自己的女儿很容易紧张，在那种随时都可能被裁员的环境下工作，会过得很惨。

所以，爱丽斯积极思考 B 计划，写电子邮件给认识的所有作家、编辑和出版业的难民，问他们对于相关的职业选择有何建议。一位前同事的回应引起了她的注意：为什么不充分利用她的出版技巧，为文学公关公司做媒体宣传和社交媒体营销？刚好这位前同事可以为她介绍一位朋友，几周后，一家小而美的公司就为她腾出了一个新职位。两三个月后，前东家再度裁员，很多和她位阶相同的人都在被辞退之列。

如果爱丽斯没有善用人脉圈寻求建议，并通过朋友牵线，那她可能继续待在原来的岗位上，受到职场海啸的冲击。幸好，她把潜在的转折点变成机会，转进了其他产业。

人脉素养不只在困境时有效，无论在顺境或逆境中，我们都需要它。我们应该经常运用人脉圈接收各类信息，例如职位空缺、市场趋势、办公室动态等。所以，如何知道谁拥有你在某个时刻需要的情报？如何获取情报最有效？

对整个人脉圈发问

我们从爱丽斯的故事看到，从人脉圈取得信息有两种基本方法：（1）对人脉圈里的特定人士提出特定的问题，例如爱丽斯打电话给唱片业的朋友，后来又打电话给父亲；（2）在人脉圈中一次询问很多人，她大量发送电子邮件给认识的作家和出版界的朋友。

科技让第二种方法变得简单了，例如，最近我们这个圈子有一位女性想知道在第一次面试时谈薪水恰不恰当，所以，她在领英的人脉圈里贴出问卷调查。像这种比较普通而广泛的问题，最适合以广发电子邮件或社交网站上的问卷功能来发问，因为很多人有相关的经验，很多人谈过薪水，可以分享实用的经验，所以，你可以接触到许多人及多元的观点。而且，广泛发问也可以促进交流，你不仅获得了多元的观点，也因为交流及观点互动而受惠。

▎锁定特定对象直接提问

不过，很多问题不是太私密就是太特殊了，不适合广泛询问。在这种情况下，锁定一些精挑细选的对象来问会比较好。例如，卡斯诺查和我挑出版商出版这本书时，我们并未对网络上人脉圈的所有人发问，或是发电子邮件询问通讯录上的每个人。我们只问了几位出过书或在出版界工作的朋友，亦即具有特殊相关经验的人。

你可能早就凭直觉这么做了，你可能有个朋友很善于说明经济状况，对我来说，蒂尔就是这样的朋友。或你可能认识某个很善解人意的人，每次你需要人际关系上的建议或碰到人际互动的挑战时，总是去找他，如对卡斯诺查来说，斯蒂芬·多德森（Stephen Dodson）就是这样的朋友。我们都有些朋友是碰到特定问题时想要征询的对象，但不是每个人都知道碰到不同的职业抉择时，该找人脉圈里的哪些人取得情报。

你可以这样思考，先把认识的人分成三类：

1. 领域专家。这些人是专业达人，真的很懂那个领域。你在谈薪资方面有问题吗？去请教曾经协商数百万美元合约的律师吧！

2. 很了解你的人。母亲或儿时同伴可能不清楚最新的产业发展，但他们很了解你的优先要务顺序、个性及过往经验。他们可以帮你厘清困惑，有时甚至凭直觉就知道你对决策的不同结果可能会有什么感受。

3. 绝顶聪明的人。这些人可能不是特定领域的专家，可能不是很了解你，但有时候他们单纯的分析力可能相当实用。至少一个绝顶聪明的圈外人所说的话，可能和你听到的其他意见完全不同。

当你面临抉择，想从人脉圈获得信息时，一般原则是先问领域专家，接着找私交比较深厚的人谈一谈。如果你还是不满意，或是想要其他的建议，就再找绝顶聪明的圈外人问问看。爱丽斯是先找在类似产业有多年经验的朋友谈，之后才找父亲。

如果你想进旅馆业，可以先联络几位业内人士，大致了解整体的选择。你可能需要请人脉圈里的人帮你介绍这一行的专家，这一点可参考第四章的扩大人脉圈。接着，找了解你的亲近盟友谈一谈，帮你排列选项的优先级，找出最适合的选择。

如果你维系的人脉圈又广又深，那么就会有很多的领域专家和亲近盟友可以讨论。切记，人脉圈一广，你就可以接触到来自不同产业、族群、背景、政治倾向的朋友。在如此多元的人脉中，包括第二度和第三度联结，肯定会有不同领域的专家。人脉圈一深，你就能培养一群了解你的亲近好友。

在线社交网站让你实时关注你认识的人，以及他们知道的事情，帮你更有效率地锁定特定关系。例如，在领英上，你可以把在特定产业或住在特定区域的朋友筛选出来。

我们在思考请谁来帮我们试读这本书的初稿时，我们做的第一件事就是搜寻领英的人脉圈。我以关键词"作家"来搜寻我的第一度关系，就发现了我认识的领域专家。这也是你应该在个人档案上列出详细职业信息的原因：让大家在搜寻关键词时，比较可能找到你。

另外，我也浏览我加上"巨星"标签的名单，这个名单我列出我觉得绝顶聪明的人，不管他们是什么背景。卡斯诺查也对他的人脉圈做了同样的事情，我们从这些人中挑出一小群朋友来征询意见。

▎提出好问题

查伦·贝格利（Charlene Begley）在通用电气工作超过了 20 年，在企业稽核、飞机引擎设计、电器、运输动力等部门待过，如今在通用电气的总部担任资深的管理高层。当记者问她如何在如此多元的职位上蓬勃发展时，她表示："在这些环境中，你必须尽可能快速学习，你需要马上发挥影响力。而秘诀其实一点都不是秘密：你需要问很多的问题。"

问很多问题也是培养人脉素养的秘诀。这么说好像很简单，但如果你问的问题无法衍生出实用的答案，一切便都没用。

下列是提出好问题的一些秘诀：

◎ 交谈，而不是审问。开心地交流可以衍生出最实用的情报。如果你是和前辈或地位显然高于你的人说话，连续问几个问题可能很恰当，对方也预计你会这么做。但是当你和盟友及同侪交谈时，提出自己的想法则可以促进真实的交流。

提供一些情报给对方，如此可以促使他们礼尚往来。所以，即使你想尽可能多地获得许多实用的信息，也不要像记者一样把同侪当成访问对象，而是和他们做对等、真实的交流，久而久之，你们会交换更丰富的信息。

◎ 调整观点。简单用一个例子说明广义与狭义问题的差异，你可以问建筑师："念研究所对喜欢建筑的人来说有多重要？"或是问："康奈尔大学建筑研究所的评价好吗？"前面的广义问题可能会引起对方大骂，因为学费昂贵的研究所课程，若对职业生涯毫无帮助，就会让人感觉像是被骗了一样。后面的狭义问题则是让对方针对发问的特定领域，提出具体、切实的回答，不会提别的，例如回答："对，康奈尔算是十大建筑学院。"

当你想做决定时，你会问广泛的问题，以了解你该用什么标准；你也会问狭隘的问题，以了解你该给各方面多少权重。例如，你问领域专家："我衡量这个机会的优缺点时，该思考什么？"然后，当你缩小标准时，你会问精挑细选的一小群人，包括了解你的人，有关 X 和 Y 因素的特定信息。

◎ 陈述与引导。无数的研究显示，陈述或引导问题的方式会影响回答的结果。所以，要想获得最优质的情报，你应该以多种方式来陈述同一个问题。先问某个人："在我想加入的这家公司里，你做了哪三件你觉得最正确的事情？"然后再问他："哪三件事情是你想做却没机会做的？"以反面措辞来询问某人的经验，可能会获得更实用的回答。在思考遗憾的事情时，常会衍生出坦白、实用的见解。

另一种引导回答者的方法，是先列举一些答案，让他知道你想要的是哪种答案。举例来说，"你觉得建筑研究所的优缺点是什么？扩充建筑界的人脉是其中一个优点吗？"先列举实用的答案类型，可以让对方回应类似的实用答案。

◎ 追问与旁敲侧击。只问一个问题时，很难获得最好的情报，你可以用修饰的字眼追问或旁敲侧击。如果对方说："在微软工作，风险真的很大。"你可以接着问："有什么风险？"如果对方说："工作不太有保障。"你可以接着问"不太有"是指什么意思。持续深入探究，直到答案出现为止，有些人不太好意思追问太多问题，因为他们担心这样问太无知了。其实不会，那样只会让你看起来像个好奇的聪明人，渴望获得宝贵的信息。

◎ 最后，切记，如果你能提出很直接、详细的问题，那么你已经让你的想法更贴近答案了。当你对棘手的局势感到焦虑时，你有时候很难明确提问，或许你隐约担心某件事情，但就是说不上来。你觉得工作不太对劲，但究竟是出了什么问题？即使你无法以明确的字眼表达烦恼的事情，你的人脉圈还是可以提供宝贵的情报，只是过程更复杂了。对于隐约或含糊不清的问题，你可以亲自找人长谈，爬梳问题脉络。

▌偶然的情报

　　我们在第五章提过，只要动起来、开始做事情，就会出现机遇巧合。偶然的人脉情报也是在你和人交流时，以类似的方式出现。当你与某人保持联系，常在某人的心头时，他可能会因为想到你而把相关的电子邮件转发给你。你永远不知道某人在派对上或一起吃饭时，会突然提起什么实用的信息。偶然的情报，是高科技新创企业群聚在硅谷的一个原因，尽管硅谷企业对人才、资源、注意力的竞争非常激烈。

　　你可以做一些事情，努力追求机遇巧合；同理，有一些方法也可以帮你获得偶然的情报。你可以随时准备一些通用的问题，以便在这种情境或场合中询问对方。这种问题可以很广泛，例如："过去几个月，你听过最有趣的事情是什么？"经济学家泰勒·考恩（Tyler Cowen）每次和卡斯诺查见面时都这样问他。你的问题也可以很明确，如："你有没有碰到哪些优异的创业家或新创企业是我应该投资的？"每次我和创业圈的人闲聊时，都会问对方这个问题。你永远不知道会得到什么答案，会问出有趣的信息也说不定。

　　如今，网络上出现愈来愈多巧合的人脉情报。当你上领英或Facebook 浏览友人的近况更新时，不见得是在找特定信息，但你可能会碰巧看到你所处产业的有趣文章，或看到前同事到了一家你想去的公司上班，或发现一位朋友创立了一家你想合作的公司等。

　　此外，持续登录亚马逊网络书店、领英、雅虎、Facebook、Yelp、谷歌和其他热门网站，也可以量身定制你的机遇情报。上 CNN.

com，你可以看到 Facebook 朋友分享的报道。浏览《财富》杂志的"百大最佳就业公司"榜单，每家公司旁边就是你领英上在那家公司上班的三度人脉圈名单，这会让你更容易锁定你已经搭上了一点关系的公司。

现在，数百万名读者已经不需要匿名的编辑或运算法告诉他们哪些信息很重要或与他们有关，社交网络的崛起，让信赖的朋友变成你的信息策展人（information curator）。

最后，把有趣的信息传播给你的人脉圈，也会增加你获得偶然情报的机会。贴一篇文章，发送一段引文，转发职位空缺信息，以其他方式分享小礼物给你的人脉圈，你的朋友会感谢你这么做，你也增加了他们未来以同样方式回应、传送情报给你的机会。

▎把信息综合成可行动的情报

凯瑟琳·马克薇尔（Catherine Markwell）在金融界和国际投资银行工作了 10 年后，想转换跑道。金融业的文化是完成一个项目后，必须马上找下一个项目，然后再找下一个。她看不出来那些交易对改善世界有任何帮助，她想做比较有意义的事情。

做有意义的工作，并非罕见的愿望，但是要把那种愿望转变成有薪水的工作就难了。朋友鼓励她把商业经验带到非营利事业的发展中，这个建议对她很有吸引力，但是离开金融业，转进她毫无经验又没有什么人脉的领域似乎很可怕。

很多人碰到马克薇尔那种情况时会很焦虑，很多聪明人容易想太多，在这个关头犹豫不决而不知所措。马克薇尔知道这是她无法单独处理的问题。

她第一个联络的人是她在银行界认识的律师黑尔·博格斯（Hale Boggs），博格斯很了解她，知道她有远大的抱负、心思细腻。所以，他建议她在创立基金会、达到她渴望的效果以前，先到现有的非营利组织工作，累积一些经验。马克薇尔听取了他的建议，开始到红十字会之类的组织找工作。

与此同时，博格斯也把马克薇尔介绍给创投业的朋友蒂姆·德雷珀（Tim Draper），希望德雷珀可以帮忙找一些当地非营利组织的机会。结果德雷珀的确知道一个好机会：他自己的组织。

两三年前，德雷珀在门洛帕克（Menlo Park）自己的创投基金公司一楼成立了一个小型基金会，名为"商界"（BizWorld）。商界基金会的目的是向全世界的小学生散播对创业课程的热情，那是很大的远见，但德雷珀没有时间经营，他希望马克薇尔来当基金会的首席执行官。

马克薇尔很喜欢那个概念，商业、个人理财、创业精神都是她热爱的主题。此外，领导一个已经成立的小基金会，意味着她可以担负原本自行成立基金会所想象的责任，同时，可以从中学习，只是这有个潜在的风险——她必须和基金会的唯一创办人兼资助者德雷珀非常契合。

审查、征信调查、取得某个人的深入资料，是创业家雇佣新人时都会做的事情，每位专业人士在职业生涯中也做过多次这种事情。当你在人脉圈里运作时，你甚至可以对你想效劳的人，即可能的老板，做同样的征信调查。无论你征信调查的对象是老板、组织、可能的同事还是负责雇佣的人，有一种信息的来源胜过一切，那就是"其他人的看法"。

别人可以对能力和性格做出诚实、细腻的分析，提供履历表、搜索引擎和维基百科上所没有的信息。马克薇尔知道这一点，所以她善用人脉圈，尽量了解德雷珀的为人。她发电子邮件给硅谷的创业家，以及一些创投业者和服务供货商。她询问和德雷珀很熟及不太熟的人，也询问她觉得会帮德雷珀说好话及批评他的人。马克薇尔描述她收集情报的过程："当时网络上与德雷珀有关的信息并不多。媒体对他的报道，也不是我想找的那种深入的个人描述。所以，我打电话、写信给很多人，问他们同样的问题。"

她从人脉圈收到的信息，让她对德雷珀及商界基金会的机会产生了正面的观感，所以，2003年3月，她决定加入商界基金会担任首席执行官。她让基金会改头换面，厘清使命，也增添新的计划和工作人员。今天，她仍在商界基金会开心地工作，她和德雷珀的合作依旧密切，她觉得自己比以前在银行业时对世界更有贡献了。

这个案例有趣的地方在于，如果马克薇尔没有综合多重来源的信息，那她永远不会做出那个决定。如果她只和博格斯对谈，她可能最后是到红十字会工作。如果她没有取得有关德雷珀的情报，那她可能会觉得和一个陌生人密切共事的风险太大。但是当她把不同的信息来源汇集在一起时，她就能拼凑出更完整的全貌，这让她最后做出了正确的决定。

考虑偏见的影响

还记得美国国家海洋和大气管理局的科学家无法单凭海洋中的一个传感器预测海啸吗？为了做出判断，他们（1）收集分散在大西洋和太平洋数个传感器的数据；（2）分析收到的每则信息；（3）综合多重数据源，以了解不同的信息如何拼凑在一起。

到目前为止，我们谈了第一步：从人脉圈里的许多人那里收集信息。把信息收集好以后，下一步是分析每个人说法的有效性、实用性、相关性。切记，每个人都有偏见，即使是你的父母和好友也有偏见。他们并不是要捉弄你，偏见是人之常情，一般人基于经验及私利考虑，都会有一些偏见。偏见可能很明显或不明显，可能是有意或无意的。

如果朋友介绍新人加入公司可以拿介绍奖金，那么他可能会积极鼓励你应聘，这种偏见是透明的，无伤大雅。如果朋友积极鼓励你投入的工作，刚好也是他们做的工作，这种偏见就没有那么明显了，可能你和对方都没注意到，所以，这比较危险一点。当你从多重来源取得信息和意见时，你要想一想对方的目的、抱负和经验可能对他的立场有何影响。偏见并不是完全屏除信息或意见的理由，只是你需要在分析信息时，把偏见纳入考虑罢了。就像爱丽丝当初心想，究竟该把同事的意见解读成理性的嘲讽，还是该视为过度的焦虑。

"综合信息"是重要的最后一步。如果你不退后一步了解事情全貌，那感觉就像是你在鸡尾酒派对的人群中缓缓移动，听到许多对话的只言片语，却听不出所以然一样。综合你得知的一切，整合矛盾的意见和信息；如果你是从多元的人脉收集信息，那么矛盾是免不了的。忽略你觉得完全错误的信息，以不同的方式权衡每个人的说法，这是复杂的认知过程。目前，我们只能说，好的综合情报能力会让整体价值比个别信息价值的总和还大。

马克薇尔从人脉圈收集如何创立非营利组织的相关意见，朋友告诉她应该先到现有的组织里工作，以后再自创组织，这是中肯的建议，她也打算这么做。接着，她在朋友的介绍下，接触到一个机会，让一个已经成立的基金会重新出发。她不像朋友建议的那样，到红十字会之类的老字号组织累积经验，不过，她还是跨进了非营利事业，找到了一个类似自创组织能获得的职位。最初到红十字会工作的建议，并没有完全遭到忽略，只是连同其他的机会一起被拉进来考虑，整合了其他信息，这就是所说的"综合情报能力"。

取得优质的人脉情报很难，每个人都可以阅读书籍或浏览博客，在办公室或住的街区随便找人聊一聊。要找到合适的人选，谈论不同的话题，问他们问题，以获得实用的答案，并把他们的观点综合成有意义的信息，那是难上加难。人脉情报是高阶的游戏，玩得巧妙，就享有竞争优势。

最后一点：机会究竟值不值得，转变成 B 计划有没有必要，某个人是不是值得信赖的盟友，某个决定是否对你有益，这些都只有"你"能做最后判断。"我、我们"是指你的人脉圈可以帮你决定方向，然后帮你迅速行动，但是，只有"你"才能驱动整个流程。

行动计划

明天：

◎ 更新你的领英动态消息，让它显示最实用的信息，挑选你想从人脉圈看到的消息类别。进入 Signal（linkedin.com/signal），储存相关主题的搜索结果。

◎ 如果你也用 Twitter，你是否关注了你应该关注的对象？检查你的关注名单，必要时，增添或移除关注的对象。

下周：

◎ 列出不同领域你可以信赖的对象。把你认识的人分成领域专家、了解你的人，以及可能没有特定专业但绝顶聪明的人。你遇到科技方面的问题会找谁？你会找谁讨论你和同事之间的互动？

◎ 列出你正在思考的两三大问题，把那些问题的相关问题先想好，和人交谈时，可以拿出来发问。

◎ 每周传一篇文章给电子邮件上的重要联络人，你也可以贴上博客，或传给 Twitter、领英和 Facebook 的朋友看。切记，传播有趣的信息给你的人脉圈，可以增加其他人传送宝贵信息给你的机会。

下个月：

◎ 在后续几周，安排三个午餐约会：一个是找级别高你几层的同行，一个是找一段时间没见的老友，一个是找在相关产业任职，你很欣赏其职业生涯发展的人。即使你目前没有迫切的职业生涯问题或挑战，你还是要这么做。你可以问一些比较不敏感的普通问题，交谈有时会让你意外获得偶然的情报。

◎ 让自己成为别人遇到特定问题时想要咨询的人。你可以写博客及电子邮件，或是组织讨论会，让认识你的人知道你的兴趣和技巧。别人来找你询问情报时，你也同时可以从对方的身上取得情报。

结语

人生是永远的测试版

你先天就是创业家，但那不保证你能够活得像创业家。本能需要培养，潜力需要发挥，你可以掌控人生，把创业技巧运用到任何事情上，问题是你愿意吗？无论如何，现代的世界需要你这么做。

我们活在密切相连、步调紧凑、竞争激烈的世界里。持续的改变与不确定性，让传统的职业生涯策略失去效用。职场的电扶梯上永远挤满了人，劳资双方的协议瓦解，竞争日益激烈。

切记，本书原书名 The Start-Up of You 里的 You，既是单数，也是复数。我们提出了一些因应实际状况的个人技巧，你的人脉可以帮你进一步扩大效能："我、我们"的威力，不仅能让你生存下来，更能让你蓬勃发展。拥有全球竞争力的专业人士，是在厚实的人脉圈里运作。我们讨论过，盟友可以帮你培养竞争优势，做"ABZ规划"，追求突破的机会，明智地承担风险，并善用人脉情报。你绝对需要掌控自己的职业生涯，但你也需要投资人脉圈里其他人的职业生涯，这些人会帮助你，而你也要礼尚往来。

除了你和周围的人脉圈，还有更广泛的环境，塑造你职业生涯的潜能，那就是你所处的社群特质。如果当地的文化、机构和人口无助于酝酿创业人生，那么，自创思维的策略只能发挥一小部分的潜力。

创业家在不健全的社群中创业，就像种子种在没有人浇水的花盆里一样，无论创业家再怎么有天分，事业都无法蓬勃发展。诚如巴菲特所言："如果你把我丢到孟加拉国、秘鲁或别的地方，你会发现，身在错误的环境里，我很难一展长才。"伯克希尔·哈撒韦公司（Berkshire Hathaway）在美国成立，因为在这个有法治、组织、信任、冒险文化，以及其他无形特质的国家里，有比较多的商机。当巴菲特有机会蓬勃发展时，社群中的每个人也都跟着受惠了。

土壤获得养分，可以滋养其他人的创意种子。这也是开明的营利事业会让营利目标呼应众人向往的社会成果的原因，他们会拨出时间和金钱，直接帮助企业经营的社群。在领英，员工有"带薪假"可以到本地的非营利机构当义工。这些慈善行动是做好事，也对公司的赢利有益，不但强化了公司和现有顾客或潜在顾客的关系，而且也强化了公司和员工的关系。

社会的健全对专业人士也有类似的影响。如果你住在赤贫、服务与基础设施很差，或是缺乏信任的社会里，你很难打造出精彩的职业生涯。像底特律那样荒废的地方，几乎没有什么好的工作机会。这不只是职位空缺多寡的问题而已，在健全的社会里，大家比较可能分享信息、加入团体、合作项目，这些活动最终都会为你及来找你的人扩大就业机会。

仔细想一想你要选择在哪里生活和工作，然后致力改善你生活的社群。你不需要是特蕾莎修女，投入社会其实很简单。每年为别人做点事情，这也算是一种投资，你可以做呼应你价值观和抱负的事情，最好能运用你独特的软性和硬性资产，换句话说，就是运用你的竞争优势。更好的做法是，投入有系统地大幅改善社会的组织。Kiva.org 让全球都能通过小额贷款来济贫；Endeavor.org 在发展中国家推广创业精神；创业美国（Start-Up America）支持美国各地的创业家。这三个组织的董事会，我都参加了。

对卡斯诺查和我来说，这本书是我们回馈社会的礼物之一，我们觉得本书提到的工具，可以改善你的人生和社会。回馈可以很简单，散播重要的想法也是一种回馈。

当然，过程中得到的赞美，可能让你自我感觉良好，就像公司喜欢媒体报道他们的理念一样。但是回馈的意义不止于此，你是在为未来的世代培育沃土，就像以前的世代为你打造环境那样，那是正确的事情。

投资自己、投资人脉圈、投资社会，当你好好投资这三样东西时，你最有机会发挥你最大的专业潜力，也最有机会改变这个世界。

最后一个重点，谈创业的书籍、演讲、文章都宣称在传授最佳准则。讽刺的是，卓越的创业家通常会质疑准则，不太理会所谓"专家"，他们有自己的原则与经验法则。毕竟想要在市场上与众不同，就是不要做其他人在做的事情。

谈职业生涯的书籍也充斥着"专家"准则，我们觉得绝大多数的专业人士不太清楚，以经营新创企业的方式来经营职业生涯是什么意思。所以，如果你落实本书讨论的技巧，那么你就拥有了优势。不过，你应该把这些技巧当成指南，而非自然法则。

有时为了让某件事情可行，你会偏离其中某项原则；有时为了在市场上维持领先，你会有新的原则。我们希望你能够从本书中获得一个重要的启示：你在改变，周围的人在改变，大环境也在改变，所以，运作的脚本免不了会持续演变与调整。

开始接触你的人脉圈，培养技巧，明智地承担风险，积极追求突破的机会吧！不过，最重要的是，开始规划与众不同的职业生涯计划，并随着调适型的人生，调整这些原则。当人生是永远的测试版，成功的秘诀就在于不停地重新开始。

——霍夫曼和卡斯诺查

人生，也是一场创业——林之晨

里德·霍夫曼是我的偶像，他是一个非常成功的连续创业者。早在1997年——没错，比 Facebook 还早了 7 年——霍夫曼就创办了社交网站 Socialnet.com，紧接着在 1998 年，他又参与创办了北美最大在线金融服务 PayPal。

在 2000 年初，那段北美网络付费大乱战时期，他一肩扛起了 PayPal 的对外伙伴关系，在 PayPal 与 PayPal 依附生存的拍卖网站 eBay 间产生危机，随时可能威胁到 PayPal 生死存亡的关键时刻，他多次靠着巧妙的手腕化解紧急状况。最终，他有惊无险地带着 PayPal 于 2002 年成功上市，成为股灾后第一个挂牌的网络公司，同年被 eBay 以 15 亿美元的天价收购。

接着，他创办了商务社交网站领英，一路带领该平台成长至 1.8 亿会员，于 2011 年又成功挂牌上市。时至今日，领英的市值已突破 170 亿美元，是北美最成功的求职服务提供商。

自从 PayPal 成功上市后，霍夫曼就开始积极帮助创业后进，前后投资包括 Facebook、Zynga 等超过 80 家新创公司，是一位非常成功的天使投资人。而在领英挂牌后，霍夫曼更直接转战创投，加入硅谷顶尖的 Greylock Partners，成为一位全职的新创投资人。

有这样显赫的创业资历，由霍夫曼来说"该怎么用创业者的态度去面对人生"，我想，他是再合适不过的人选。

本书的核心是由霍夫曼与他的共同作者，也是另一位连续创业家卡斯诺查发展出来的"ABZ 计划"。A 是用更聪明的方法去执行现在在做的事情；B 是当发现 A 计划无效时，从失败中再找出的新转机（也就是俗称的"Pivot"）；Z 则是你给自己留的终极救生艇，当一切都无效时，你必须确定能够生存下去，不会因此而流落街头。

身为商务社交网站领英的创办人，霍夫曼也花了很多篇幅在分享他的"人脉学"。其中，我尤其认同的是他说的：当你认识新朋友时，别再自问"这对'我'有什么好处"，而该自问"这对'我们'有什么好处"。

我常说创业是一种态度，而真正的创业者，就是用这种态度去面对人生种种大小事情的人。当然，不是每个人都要创业，但你绝对可以把这本书的方法与精神，好好地运用在你的人生当中。相信我，你会发现你的世界从此会变得非常不一样。

（本文作者为 AppWorks 之初创投合伙人）

不要忘了你身上的创业基因——林宜儒

在过去，"创业"与"风险"有着高度的关联性，选择创业，而非较多人投身其中的电扶梯式职业生涯，就意味着选择风险、放弃稳定。

然而，在目前这个瞬息万变的年代，我们眼前所看到的稳定，或是我们过去所认知的稳定，都有可能一夕改变。底特律的兴衰，或是过去在经管畅销书中被列为成功案例的卓越企业，近年来的惨淡表现，都提醒了我们：风险是动态的，世界一直在改变，没有恒久不变的稳定。

本书借由领英创办人自身的创业经验，以及他在领英上所观察到的现象，谈论了许多"非典型的职业生涯规划"，并分享了领英创办过程中的许多小故事，借此让读者了解，在变动如此迅速的年代，如何分析、善用、整合自己手边能掌握的资源、人脉、机会与风险，打造一个独特的个人职业生涯。

全书从"人人都是创业家"开始，逐步讨论如何创造个人软性资产，进而为自己带来职场上的优势；再谈"ABZ"职业生涯发展计划与人脉经营，并对机会和风险进行分析，提供了非常清楚的脉络。更棒的是，书中每个章节都提供了"行动计划"，让读者可以实践书中提到的重要观念。

我很喜欢其中的一句话："不经常有意识地冒险，那就等着在未来的某个时间点惨遭淘汰。"回顾过去几年来的创业之路，我积累了各式各样的经验，包括多次的"微创业"、参与别人的新创公司，以及与朋友共同创办公司等。

一段又一段持续冒险的旅程，我在这些旅程中，培养了从容接受各种冲击的能力。倘若你有意打造一个有别于一般人认知的辉煌职业生涯，那么本书会是一本很好的指南。

最后，无论你是想要开一家公司成为创业者，还是想加入别人的公司成为上班族，都不要忘了你身上的创业基因。时时发挥创业精神，以自创思维经营你的职业生涯。

（本文作者为 KumaWash O2O 洗衣服务、iCook 爱料理、Inside 网络趋势观察等服务之创办人）

以创业思维过人生——郭建甫

不像苹果的乔布斯，拥有对产品极简的偏执，从而造就一个伟大的企业；也不像 Facebook 的扎克伯格，天赋异禀地在 28 岁之际，就创造了一个千亿帝国。"你要试过才知道最好的计划是什么。"学术背景出身的霍夫曼这样对自己说。

他从苹果计算机的用户体验部门开启了他的职业生涯冒险经历，在富士通探索产品经理的事业抱负后，他创立了他的第一家网络公司 Socialnet，并在加入 PayPal 蓄积能量后，创立了全球最大的专业社交网站领英。不像典型的硅谷车库传奇，霍夫曼更像是一个由点滴积累、适应转变而获得成功果实的创业修炼者，本书也因此更值得你我这样的创业者一读。

"当你做了某件事情以后，你就像搅动了一锅汤，让看似随机的人、事、物，碰撞出新的组合和机会。当你动起来的时候，你是在编织一张又宽又高的网，以捕捉朝你而来的巧妙机遇。"霍夫曼如此形容等待机会的到来。

很多人知道之前 WhosCall 发迹的故事：几年前，谷歌时任首席执行官施密特访台演讲中，称赞了一个名不见经传的陌生来电识别软件，一夜之间捧红了我们。很少有人知道的是，在这桩从天上掉下来的礼物事件发生的前几天，我们才刚辛苦筹得一笔钱来支付运营成本，全职投入经营。当初几个合伙朋友放弃海外工作与外商的稳定薪水，一起兼职过活来创作十几个我们认为绝佳的 APP 点子，并尝试碰撞出新的组合与机会。对我而言，这一切创业精神的起点，关联到多年前结识了一群盟友，彼此在职业生涯中无私分享与提携成长，编织了一张又宽又高的网，使我们捕捉住迎面而来的种种巧妙机遇。

读过本书后，你会发现像我们这样一群平凡的人，都能浅尝到创业的酸甜果实，全是因为掌握了一些书中所提到的心法与攻略。霍夫曼这些实用建议，不但对一个想要拥有自己事业的人来说是字字珠玑，对想要在现今满载的职业生涯电扶梯上扶摇直上的人而言，更是无比珍贵的成功指南。

在这个职业生涯游戏规则已经完全改变的现实世界里，同时，也是全球化与科技化激烈竞争的环境里，我们必须学习着拥有一个有创业思维的人生，一个从调整中学习掌握的人生，一个持续启动的人生。

（本文作者为 Gogolook/whoscall 首席执行官）

延伸人脉，预备职场竞争力——郭曜郎

　　领英是全球最大的专业社群，2013年1月的会员数已经突破2亿人，虽然领英在华人圈比较不为人熟悉，但它代表的人力市场的变革，早已悄悄渗透到所有人的生活里。

　　我们面对的职场现实，已与我们的父辈完全不同，工业革命以来的职场升迁传统已经失效。本书作者领英创办人霍夫曼是硅谷创业生态系的要角，在与人共同创立 PayPal 的经验中，体悟到这个快速拆解又组合的世界，正翻转我们熟知的规则，因此，本书不断强调在动态的世界中安身立命所需要的新做法，以及该如何调整自己的脚步。

　　作者建议，面对动荡的最佳姿态，是效仿那些在水里来火里去的创业家，学习他们收集情报与解决问题的方式。我知道作者要表达的意思是什么，回首自己创业的历程，感觉像从死人堆里爬出来一样，在各种限制中寻找机会后，一步步向前推进。这是一条非线性的路径，看似是一门艺术，但也要靠一点机遇，没有放诸四海皆准的 SOP（标准作业程序），这是创业不可测量的方面，但作者也不是要我们听天由命，膜拜神秘力量。

　　每个人都可以装备自己，向外延伸收集信息的广度与深度，让自己暴露在更多的可能性中，理性之光继续引导我们的前进，因此，这本书几乎有五分之四的篇幅强调经营人脉的方法与技巧。

　　"经营人脉"听起来是一个没有新意的老梗，过去对"人脉"的看法偏向中介性或工具性，把"人脉"看成一个个的点，但这样的观点，不是本书的意思。

　　Web2.0 之后的信息传播方式彻底改变，让"人脉关系"的维系，既虚拟，又实际，让人脉网络如我们大脑的延伸，拓展信息的广度，也让人脉网络成为我们最佳的内容过滤器，加强信息的深度。因此，"职场竞争力"的公式等同于"我、我们"：我及通过我的人脉处理信息的方式，就是我解决问题的能力，这样的能力，决定我们在职场的价值。

　　与人有关的信息真要管理起来，是很庞杂的，经营人脉联结若有工具辅助，则可以事半功倍，因此，nvesto 推出了云端秘书 iShelly 来满足这个需求，让品牌经营者更能被其他人或客户信赖。

　　我们在职场的应变能力，甚至我们的人格，都取决于人脉圈的架构与强度。这本书不是从道德的角度鼓励人乐于分享，也不是从成功学的角度激励大家累积人脉存款。作者想传达的是：面对不确定的未来，拥有高素质人脉的人，可以有更好的信息质量，更有能耐见招拆招，以适应变动的人生。

　　　　　　　　　　　　（本文作者为云飨股份有限公司营销部总监）

有心好好做事者都该看的书——刘奕成

素昧平生的编辑联络我，希望我列名推荐这本书。然而，最近"戎马倥偬"，实在抽不出时间翻阅。好不容易来到春寒料峭的假日清晨，百无聊赖，我翻开扉页，就这样行云流水地细读下去，看完后，我急忙联络编辑，劈头就说："能不能不要只列名推荐，让我写些字，认真向读者推荐？"

为什么？因为这本书是我这两三年来，看过的最好、最实用的财经企业管理书，对创业家大有裨益，对小上班族及升斗小民也有帮助。曾有一年的时间，我因缘际会帮报纸的书评版选书，心得是值得阅读的财经书愈来愈少，也不由得浩叹在台湾阅读财经书的人也愈来愈少。

然而，这本书在汗牛充栋的书海中，竟是如此醒目，洋溢着难以掩抑的风采。因为这本书是由实务界大师级的赢家霍夫曼执笔，曾经在专业经理人、创业家、天使投资人等多重角色下都大放异彩，原本也怀抱浸淫学术梦想的作者，挟其多元化的遭遇，不吝于真诚分享得自人生阅历的教谕。本书适合所有"有心好好做工作的人"，只要是商业社会的一员，无论是上班族、创业者，或SOHO族，只要想工作或不得不工作，都值得看一看。

为什么实务界赢家的书值得一读？常有人说：每100家新创公司，在10年后，只有寥寥数家得以存活，但是如果我们仔细想一想，这硕果仅存的几家，好像都跟同一群人有关。

就像号称"硅谷人脉王"的作者，不但创办了领英，而且是Facebook、Zynga 的早期投资人，又在 PayPal 待过，如今又是Greylock Partners 的合伙人，就像 Twitter 的创办人，也是 Square的创办人。

就像我们看有些人仿佛运气特别好，做什么都会成功。但其实这样看来：失败的企业，各有不同的故事，而成功的创业者或工作者，都有相似的故事，由声气相投的人打造出相差无几的胜利方程式。

只不过这些赢家，或许太忙了，不太有机会与我们分享。难得有作者像霍夫曼这样无私，出来分享他不同职业生涯及投资历程中，点点滴滴所累积成的大江大海。而大师就是大师，开场白，便深中肯綮："人人都是创业家，并不是因为人人都该创业。"这强调的是在每个地方，创业家精神都是胜利方程式的必见参数。

而接下来，"年轻人难以挤上电扶梯，中年人难以升迁，60 岁的人难以退休"，导致了"大家不再顺利晋升，而是踩踏着别人"的观察，一针见血地道破了这个时代职场的困境。该怎么办？作者有他的想法，有他的解答。

我在浏览这本书的过程中，往往击节赞赏。很多都是我在职业生涯中体会到，却说不出个梗概与人分享的。就像作者提醒职场人该准备好A 计划、B 计划及 Z 计划，这在你我面临职业生涯的选择时，无论是考虑创业，或是攀登企业天梯，都有不可或缺的参考价值。

另外，如同许多人的疑问：我们常见到很多人到处尝试交换名片，或是参加餐会，也的确认识了很多人，但也只是"认识人"而已。作者深入浅出指出许多人醉心于建立人脉，却没有注意到最好的专业人脉，必须兼具"窄而深"的关系和"宽而浅"的关系，如果没有建立以"专业"为基础的关系，也是枉然。

这不是一本容易阅读的书，但如果认真读几遍，每当你我面临职业生涯的抉择时，书中的箴言真谛，便会不请自来，轻敲你我的心门。我会把这本书放在案头和床头，随时等候不请自来的醍醐灌顶。

（本文作者为中信银行信用卡暨支付事业总处资深副总经理）

换颗脑袋，变成创业家——刘威麟

我们谈"创新、创业"相关话题，谈得已经有点烂了，在企业里面它们已经变成了老掉牙的话题，而这么多年来，"创新"在企业界，我认为，推广得也只能用"普普通通"来形容，不是很成功，不是很有效。

但是，在那101高速公路沿线的美国硅谷地区，"创新、创业"可是大放光明！

作者凭他多年第一手的观察，大胆地将美国硅谷新创事业的做法，"转介绍"给一般上班族运用，让个人可以以创业家的心态，来经营自己的职业生涯。

"永远的测试版"的思维影响的层面，比你我想象的都还要深。不过，亚洲和美国有些不同，这个概念并不是没有人知道，但二者间呈现出一种很有趣的冲突。

基本上每个我所知道的亚洲企业，可能都有一两位主管希望部下可以更像创业家那样去面对事情。他们希望部下都"换一颗脑袋"，都变成创业家，以至于每个企业每年都会花出上百万甚至千万的费用，来做主管的教育训练。

每次办这种创新型的教育训练，主管、职员，无论级别，分散开坐，一视同仁！

无论什么题目，都可以举手发言，采用民主机制！

墙上总是挂满了令人振奋的海报！

结果呢？

然后呢？

每次进入企业做创新相关的训练，总会发现，有些人可以非常积极地参与，而有些人从头"睡"到尾。在所有的教育训练课程里，"创新之心"或"创业之心"，竟然成了我们公认"最没用"的技能。

"是公司要我们来听，我们才来的。"他们总是这样说。

奇怪！"永远的测试版"，对创业家而言，是如此自然的事情，但对一般工作人员来说，却变成了只是在交差，为什么？

因为配套措施不够！

如果一个企业要想做到创新，不只是职员，连主管也要跟着配合，让部下有足够的空间：

1. 如果你发现有 bug，请不要笑我，因为这个想法是测试版，不要当它是真的。

2. 如果你发现我未来有好几套计划，个个有机会、个个没把握，请不要笑我，因为我至少有把握，继续下去，有一天一定会成功。

3. 如果你发现我已经推出五个版本都没有成功，请不要笑我，因为我已经从这五版中学到了许多东西，下次有机会，或许能一次就中！

请开始接受"在制品"（work-in-progress）的观念，这样，"创新"才不会白谈。这本书不只是给所有上班族的，也是给所有的企业和主管的，希望大家可以真正地换一颗脑袋。

（本文作者为知名网络趋势观察家）

用"准创业"心态经营人生——蔡明哲

　　有不少谈创业的书是写给已经创业或即将创业的人看的；也有不少书籍谈职场攻略，告诉你如何成为杰出、优秀的经理人。但本书很有意思，作者并没有鼓励你非创业不可，而是告诉你不管创业与否，都可以采用"准创业"的心态，来经营自己的工作，甚至人生。

　　你可以视本书为职场指南，也可以把它当作创业忠告，它很适合曾在创业与就业间犹豫不决的人。这些忠告跟建议，我诠释为人人都应具备"准创业"心态，进一步可以落实为"准创业"行动，在这过程中，你可以不断地评估是否转进实际创业，或继续成为职场英雄。

　　书里说："你永远不知道接下来会发生什么事情。信息有限，资源紧缺，竞争激烈，这个世界瞬息万变，你投注在单一工作上的时间，正在缩减，这表示你需要随时调整应变，如果不调整，万一失败时，没人会理你，雇主或政府都不会。"又说："创业精神是一种人生理念，不限于在商业上使用，这是放诸四海皆准的理念……"

　　工作了十几年之后，我才逐渐领悟这些话。回想还是菜鸟学生时，追求单一方向职业生涯规划本身的荒谬。原本一心想成为职场上的杰出人才，后来却走上了创业之路。书中的内容呼应了我的个人生涯，从就业到创业，直至创业阶段经营社群与人脉关系，以及产品与服务的发展过程。

从就业转创业这几年来，我归纳出下列这 5 点心得：

1. 出发，就准备好了。行动会带来勇气，恐惧都是自己吓自己。如果你有梦想，不要只是空想。采用本书建议的"准创业"心态与策略，逐步布局，开展你自己的人生战斗策略。风险一定有，但不行动的风险更高。书中建议的策略可攻可守，而且不仅适用于商业市场，也适用于非营利组织的发展。

2. 要热爱你的核心价值，要接受不喜欢的事情。既然是"准创业"，那么就不要只是停留在舒适地带。一旦跨出之后，会有更多不是你原本喜欢做的事情接踵而来。创业精神就是探索与创造，过程充满了泥泞与荆棘，接受这些不喜欢的事情，提醒自己热情的所在，并时常回顾初衷。

3. 看到的世界愈广大，机会就愈多。世界与经济局势已经改变，不再是二三十年前的稳定市场。不要太期待会有组织能够照顾你一辈子，无论是政府，或是公司。要为自己的人生负责，你必须勇于投资自己，并不断扩大你的"世界"。

看到的"世界"范围愈大，机会就愈多。所谓"世界"，我指的是生活领域，包含心理与生理的移动范畴。投资自己、扩大世界，语言、旅游、交友、人脉、社群、网络等，都是扩大"世界"的工具。

4. 成功没有固定模式。模仿能成功，创新也能成功。早尝试，早失败，快速修正。不要太相信书上的案例或故事，因为那是别人的经验。由于背景、资源、程度及环境的差异，其实，你无法完全复制他人的成功经验。别人能成功，不代表你能；别人会失败，不代表你会失败。创业心态之一，就是付诸行动，并谨慎实验与评估。

5. 往无水草处行云。 无论是创业或就业，别总是往人多的地方去。若无前例可循，仍要相信自己！

如果你读完本书后想采取行动，却苦于没有他人可以交流讨论，我很乐意提供给你与更多陌生同行交流互动的机会。我们有一个学习性交流社群 HPX，重点放在专业人脉交流：H（Happy）是快乐，P 是网络服务与产品的专业工作者，X（Crossing）是指交流，恰好符合书中所谈到的人脉经营与人际关系发展模式。

HPX 社群发展超过三年，举办了超过 45 场大型活动，参加人次超过 5000 人，在台湾从北到南的读书会小组超过 70 个，如果你对落实书中的行动建议有所迟疑，那么 HPX 社群及读书会是你可以开始体会的环境。至于如何找到我们，相信通过"邓巴理论"的 150 个朋友及社交网站，应该不会太难。

祝你展开自己的"准创业"旅程！

（本文作者为悠识数字首席体验架构师及 HPX 社群创办人）

成功的秘诀在于不停地重新开始——郑纬筌

　　我很喜欢看书，特别是有关创业经验或生涯规划的书籍，这些作者的经验之谈虽然未必放诸四海皆准，但仔细阅读后，也能从中获得不少启发。当然，我也因为过去在科技媒体服务的关系，曾经采访过许多优秀的创业团队，因此，我本身虽还未创业，却也自以为算是身处创业圈中。

　　看过许多和创业有关的书籍，本书是少数让我印象深刻的一本。作者之一的里德·霍夫曼在网络圈资历显赫，身为专业社交网站领英的共同创办人，由他这个圈内人来述说有关创业与人生的话题，再贴切不过。

　　本书的两位作者收集了许多创业者的案例，再辅以领英的营运经验，让我们理解建立人脉的重要性；而后，再从社交媒体的特性，切入创业与生涯规划可能会遭遇的风险、瓶颈和种种关卡，令人忍不住想一口气读完。

　　如果你正在创业，那么这是一本不可错过的好书。学习和创业都是一辈子的事情，一边看这本书，一边再检视自己的人生，我相信，一定会有不少收获。

　　即使是还未计划创业的朋友，我觉得也很适合阅读这本书。举例来说，书中提到的几个观点，便很能引起我的共鸣，信手拈来，都有一番体悟。

　　作者提到所有人都是创业家，并非因为他们开公司做生意，而是认为人们从骨子里就潜藏了创业的基因，这是人类的本能。"创业精神"是一种生活主张，并不局限于商业市场，更非唯独美国人才有，我们每一个人都有创新的能力。

　　我很喜欢书末的这段话，特别摘录与大家分享：当人生是永远的测试版，成功的秘诀就在于不停地重新开始。

　　中国人说"盖棺论定"，诚然人生中高悬的 Beta 标志，时时刻刻提醒着我们要持续精进。在达成目标之前，让我们重新开始吧！是的，就从现在开始！

（本文作者为台湾电子商务创业联谊会理事长）

勇敢去闯，开辟出自己的硅谷——钟子伟

2009 年夏季，我从哈佛商学院毕业，当时我有个非常要好的同学进了领英工作。那是她梦想的工作，过去两年她在学校里，总是说想去领英工作，毕业后，终于获得了这样的机会。

2009 年，对我们这群毕业生而言，是不甚有利的一年。当时全球金融危机余波荡漾，国际大型银行及金融服务咨询产业大幅减少雇员，一般跨国企业看来似乎是比较安全的就业选择，所以，我有很多同学，当然也包括我自己，都进入了这些公司工作。不过，还是有少数心意已决者，就像上述这位进领英的同学，坚持到硅谷工作。

或许就像人们说的，硅谷确实充满了不可言喻的神奇魔力。扁平化的组织、年轻的人力、高风险高回报的游戏规则，或者只是纯粹骑脚踏车上班这样的生活风格，都让硅谷这个地方充满魅力，在其他地方很难找到同样的氛围。由于我第一份工作的地点刚好在旧金山，时常利用周末前往硅谷，所以，我渐渐了解到是怎样的企业文化、工作心态及社群环境，让领英等公司成为这么特别、令人如此向往的地方。

在阅读这本书的同时，我的脑海里唤起了许多当时在周末与哈佛同学及其同事谈话的回忆。在穿越字里行间之际，我逐渐了解到了创业家的成功特质。对读者来说，书里有些经验虽然很难有机会实际亲身体验，但它是非常重要的工作心态与职业技巧，若能在踏入职场时就了解它们

的重要性，并尽早善用它们来经营生涯，便更能掌控自己的命运。

死背、机械式解题而非活用概念，无止境的练习，填鸭式教育，盲从而不提问，排山倒海的考试，这些都是亚洲著名的教育特点。在全球竞争日益激烈的今日，世界需要的是快速创新、独立思考、有效率的沟通技巧等能力，难怪有愈来愈多的公司和雇主大声抱怨，台湾教育体制训练出来的毕业生，在现实世界学无所用。

因此，各位在看这本书的时候，切莫将其当成教科书或工具书来苦读，仿佛回到学校准备考试一样。两位作者所提倡的创业精神、主动意识、务实乐观的人生态度——大胆做梦、认清现实、勇敢去闯，都是我们能从书里学到的宝贵人生态度。

话说回来，有件事情很有趣，值得讨论一下。其实硅谷并不是一座城市，没有实际的市中心，也没有市长办公室等行政体制。硅谷闻名全球，那么令人向往、充满魅力与成就，都是因为人，以及人群互相交流激荡出来的勇气、创新与面对人生及各种机会时的态度，就像本书所描述的那些故事一样。

因此，"硅谷模式"是可以被复制的，硅谷可以存在于世界各处。无论你想开公司、学弹吉他，还是开口约某个心仪的女孩出来进行第一次约会，都能热情拥抱这种人生态度，保持"硅谷新创企业"思维，用新创企业敏捷、反复尝试的方式，进入人生各种不同的新阶段。

如果我们都能掌握时机应变、学会承担明智风险，始终保持着乐观的人生态度，便能开辟出一片属于自己的硅谷。

（本文作者为"关键评论网"创办人）

从哲学家到创业富豪

　　谁是这几年硅谷最受瞩目的创业家？答案多半少不了网络社交龙头 Facebook。创办人马克·扎克伯格的故事不但被拍成电影，他也以 28 岁的年纪登上了美国《福布斯》（*Forbes*）杂志亿万富豪榜，成为最年轻的上榜者。

　　另一个榜上有名的，是愈来愈常被拿来跟 Facebook 比较的网络社交新势力领英的创办人——里德·霍夫曼。尽管领英全球仅有两亿会员，远不及 Facebook 的 10 亿会员，公司市值也只有 Facebook 的四分之一，却被《福布斯》认为是 Facebook 的劲敌。

　　无独有偶，华尔街的投资客青睐领英的程度，同样尤甚于 Facebook。2012 年 5 月 18 日，Facebook 以每股 38 美元的发行价首次公开募股，三个月后，竟然暴跌到每股 17.55 美元，创下历史新低。直至 2013 年 2 月 7 日，股价回稳到 28 美元，仍旧低于发行价一段不小的距离。

　　反观领英比 Facebook 早一年，在 2011 年，以每股 45 美元发行股票，之后股价一度飙升至 130 美元，直到 2 月 7 日，股价在 124.09 美元收盘，高于发行价近 3 倍，这也让创办人霍夫曼身家暴增，与扎克伯格同样成为亿万富豪。

▌低调的另类创业家，不做首席执行官

霍夫曼与扎克伯格相同的是，都因为看好网络社交的前景而创业成功，因而跻身美国亿万富豪榜。不同的是，相较于扎克伯格，霍夫曼就像他创办的领英一样，非常"低调"，媒体也因此形容领英是个"低调却很赚钱"的公司。

另外，当扎克伯格身兼创办人与公司首席执行官，正苦思 Facebook 下一步的获利模式时，霍夫曼上任没几年，已先卸下首席执行官职务，并延揽硅谷知名专业经理人、雅虎执行副总裁杰夫·韦纳（Jeff Weiner）接手领英。他则持续做自己有兴趣的事：成为天使投资人，扶植其他新创企业，像是自由网络相册企业龙头 Flickr、社交游戏公司 Zynga，以及近期进军台湾地区的民宿公司爱彼迎等。

尽管创造出投资人眼中比 Facebook "含金量"更高的营运模式，但霍夫曼成功的脚本跟硅谷通行的路径——名校理工科辍学、被大企业并购而致富全然不同，他是与科技看似最不相关的哲学硕士，一开始根本就是个硅谷的门外汉。

▌把职业生涯当成"永远的测试版"

2013 年 1 月 29 日，台湾当地时间上午 8 点，作为第一个采访到领英创办人霍夫曼的台湾媒体，《Cheers 快乐工作人》杂志通过网络科技，

突破 10450 公里的距离、16 小时的时差，在美国硅谷当地时间下午 4 点，与霍夫曼及本书共同作者本·卡斯诺查展开零距离的面对面对话。

令人意外的是，资产上亿的霍夫曼，毫无身段。他回答问题的方式更像个学者，亲切又巨细靡遗。因为对他个人的故事太好奇，记者大部分的问题都围绕着他个人，最后，他很有耐心地花了 55 分钟，分享了 10 年来的创业甘苦，虽然因此让卡斯诺查不禁小小抱怨"只剩下 5 分钟"谈新书，却让台湾读者难得有机会从第一手角度了解这位另类创业家如何改变自己的人生。

到底一个牛津大学哲学研究所毕业生，如何勇闯硅谷？这是记者心中最好奇的事情，也是第一个问题。"如果在大学时问我以后想干什么，'创业'绝对不会是选项之一。"霍夫曼这样回答。从斯坦福大学符号系统与认知科学系毕业后，他为了找到"如何让人类生活更美好？"这个问题的答案，跑去念哲学系。不料读了以后才发现，大多数学术界的文章，最多只有 50 个人会看。这对一心一意想"改变世界"的霍夫曼来说，是一大打击。

霍夫曼描述，当时他觉得自己像个尚未完成的软件"测试版"，往学术界发展是第一次测试，失败后，他积极找寻下一次的测试机会。既然硅谷始终是吸引年轻人投入的冒险乐园，当然，他也心动了。不过，这时候，霍夫曼最大的问题是，像他这样毫无经验与"科技空白"的背景，如何能拿到第一张门票？

▌ 面对现实，从头苦学找到自己的优势

一开始，霍夫曼在"就业市场"与"个人兴趣"间挣扎。虽然顶着名校硕士学位容易让人有优越感，但霍夫曼能面对现实，清楚地知道自己要想得到工作，就得学习新的能力。连续几周熬夜学着使用绘图软件Photoshop 后，他终于找到了一份门槛最低的工作：在苹果（Apple）经验分析部门负责产品开发。

紧接着，他跑去找苹果计算机产品管理部门的主管，表示愿意在工作之余，替这个部门免费工作，好累积经验。这段过程的学习，果然让他练出了一身本领，以至于后来有机会进入日本的 IT 公司富士通担任产品经理。

不过，霍夫曼的心里很清楚，不管上了几堂程序设计课，自己终究无法与其他计算机高手竞争，一定要找到属于自己的竞争优势。他发现，相较于其他人，念哲学的自己更善于"观察个人心理与大规模的社交动态"，因此，他在 1997 年决定跳出大公司，进入当时正兴起、与一般人最接近的网络服务业。

那时美国最热门的是"约会社交网站"，像是 Match.com 之类的网站如雨后春笋般冒出，霍夫曼也与几个朋友创立了类似的约会网站Socialnet。只是最后因为会员人数太少，加上网络泡沫化，终究无法获利，而宣告失败。Socialnet 的失败，是霍夫曼之后建立领英时很重要的资产。"这次的经验让我学到，一定要找出新的服务，找到大家还没想到的。"他说。

▎ 创造"求职 + 人脉"蓝海

后来，再次创业时，霍夫曼告诉自己，若想要做出差异化，一定要创办一个定位明确、在服务上有所取舍的社交网站。他又想到，自己一路走来，确实感受到了"人脉"的威力。像是通过念理工科的斯坦福大学室友介绍，才得以在苹果上班；他第一次创业也多亏向继母引荐的一位律师兼投资家咨询。

"这些人脉在当时，都不是刻意建立的，却帮助我很多。如果重来，我一定会更有目标、及早建立专业人脉。"他对记者说。结合市场需求与个人经验，2003 年，他打造了一个兼具"找工作"与"建立人脉"的专业网络社交平台——领英。霍夫曼认为，像 MySpace、Facebook等大型社交网站的会员数是领英的好几倍，但反而难以满足专业人士在工作上拓展人脉的需求。领英从最初就走和竞争对手不同的路，推出时，它强调以年薪 5 万—25 万美元的专业人士为核心，力图营造一个有质感的社交网络。

也因为定位清晰，领英发展出明确的获利模式——向企业雇主收费。由于这群专业人士成为企业有兴趣接触的人才，美国上千家企业因此争相付给领英高达 8200 美元的年费，以便更快速、精准地找到合适的人才。

目前，领英的会员涵盖美洲、欧洲各国，甚至延伸到了印度与日本。记者好奇，这样的网站是否适合华人精英的需求？他分析，虽然全球的职场文化相异，但是上班族"投资自己""建立专业人脉"与"打造职业生涯发展",是不分国界的共同需求,因此,领英目前准备将发展重心移至大中华地区。

本书原文版上市,就空降 amazon.com 热门新书第一名,并夺下美国《纽约时报》及《华尔街日报》畅销书排行榜第一名。他更在 YouTube 网站上传长达 1 小时的自制影片,录下自己在计算机前一字一句回答网络读者的提问。

当领英已是全球最大的专业社交网站时,懂得善用它为职业生涯加分,固然是聪明上班族所不能不知的,但是,通过霍夫曼的故事得到启发,读者应该能得到更大的收获!

（本文转载自 2013 年 3 月份《Cheers 快乐工作人》杂志,

记者陈怡伶撰稿）

	MON	TUE	WED
/	/	/	/

	MON	TUE	WED
1	1	1
2	2	2
3	3	3
4	4	4
5	5	5
6	6	6
7	7	7
8	8	8
9	9	9
10	10	10
11	11	11
12	12	12
13	13	13
14	14	14
15	15	15
16	16	16
17	17	17
18	18	18
19	19	19
20	20	20
21	21	21
22	22	22
23	23	23
24	24	24

	THU		FRI		SAT		SUN

THU	FRI	SAT	SUN
1	1	1	
2	2	2	
3	3	3	
4	4	4	
5	5	5	
6	6	6	
7	7	7	
8	8	8	
9	9	9	
10	10	10	
11	11	11	
12	12	12	
13	13	13	
14	14	14	
15	15	15	
16	16	16	
17	17	17	
18	18	18	
19	19	19	
20	20	20	
21	21	21	
22	22	22	
23	23	23	
24	24	24	

	/ MON	/ TUE	/ WE
	♡♡♡♡❄❅	♡♡♡❄☁❅	♡♡♡❄☁❅	♡♡

	MON	TUE	WE
	1	1	1
	2	2	2
	3	3	3
	4	4	4
	5	5	5
	6	6	6
	7	7	7
	8	8	8
	9	9	9
	10	10	10
	11	11	11
	12	12	12
	13	13	13
	14	14	14
	15	15	15
	16	16	16
	17	17	17
	18	18	18
	19	19	19
	20	20	20
	21	21	21
	22	22	22
	23	23	23
	24	24	24

	THU		FRI		SAT		SUN

THU	FRI	SAT
1	1	1
2	2	2
3	3	3
4	4	4
5	5	5
6	6	6
7	7	7
8	8	8
9	9	9
10	10	10
11	11	11
12	12	12
13	13	13
14	14	14
15	15	15
16	16	16
17	17	17
18	18	18
19	19	19
20	20	20
21	21	21
22	22	22
23	23	23
24	24	24

	/	MON	/	TUE	/	WE

MON: 1 2 3 4 5 6 7 8 9 10 11 12 13 14 15 16 17 18 19 20 21 22 23 24

TUE: 1 2 3 4 5 6 7 8 9 10 11 12 13 14 15 16 17 18 19 20 21 22 23 24

WE: 1 2 3 4 5 6 7 8 9 10 11 12 13 14 15 16 17 18 19 20 21 22 23 24

	THU		FRI		SAT		SUN

THU   FRI   SAT   SUN

1
2
3
4
5
6
7
8
9
10
11
12
13
14
15
16
17
18
19
20
21
22
23
24

著作权合同登记号：图字 18-2018-035

图书在版编目（CIP）数据

为什么精英都有超级人脉 /（美）里德·霍夫曼（Reid Hoffman），（美）本·卡斯诺查（Ben Casnocha）著；洪慧芳译. -- 长沙：湖南文艺出版社，2020.7
书名原文：The Start-up of You
ISBN 978-7-5404-9411-7

Ⅰ.①为… Ⅱ.①里…②本…③洪… Ⅲ.①人际关系学—通俗读物 Ⅳ.①C912.11-49

中国版本图书馆 CIP 数据核字（2020）第 044712 号

上架建议：商业·成功励志

WEI SHENME JINGYING DOU YOU CHAOJI RENMAI
为什么精英都有超级人脉

作　　者：[美]里德·霍夫曼（Reid Hoffman）
　　　　　[美]本·卡斯诺查（Ben Casnocha）
译　　者：洪慧芳
出 版 人：曾赛丰
责任编辑：薛　健　刘诗哲
监　　制：邢越超
策划编辑：李彩萍
特约编辑：万江寒
版权支持：姚珊珊　文赛峰
营销支持：文刀刀　周　茜
版式设计：潘雪琴
封面设计：刘红刚
出　　版：湖南文艺出版社
　　　　　（长沙市雨花区东二环一段 508 号　邮编：410014）
网　　址：www.hnwy.net
印　　刷：三河市中晟雅豪印务有限公司
经　　销：新华书店
开　　本：875mm×1230mm　1/32
字　　数：147 千字
印　　张：7
版　　次：2020 年 7 月第 1 版
印　　次：2020 年 7 月第 1 次印刷
书　　号：ISBN 978-7-5404-9411-7
定　　价：48.00 元

若有质量问题，请致电质量监督电话：010-59096394
团购电话：010-59320018